Guía para el docente y solucionarios

Administración de bases de datos

 **ic** editorial

Editado por: IC Editorial
c/ Cueva de Viera, 2, Local 3
Centro Negocios CADI
29200 Antequera (Málaga)
Teléfono: 952 70 60 04
Fax: 952 84 55 03
Correo electrónico: iceditorial@iceditorial.com
Internet: www.iceditorial.com

Guía para el docente y solucionarios:
Administración de bases de datos

1ª Edición

ISBN: 979-13-7027-064-3
Depósito Legal: MA 1784-2025

Impresión: PODiPrint
Impreso en Andalucía - España

Índice

Guía para el docente: técnicas de enseñanza y aprendizaje

Contenido

1. Introducción

El presente capítulo está destinado a ofrecer al cuerpo docente responsable de la enseñanza del programa de cualificaciones profesionales y certificados de profesionalidad, una guía metodológica para obtener el máximo rendimiento de los contenidos formativos que han sido desarrollados para el presente título.

La mejora de las habilidades comunicativas y la aplicación de una metodología contrastada de enseñanza, aprendizaje y evaluación permitirá transmitir el conocimiento y adquirir el programa formativo de la forma más efectiva y práctica posible.

Estudiaremos cuáles son los principales elementos que forman parte de la comunicación profesor-alumno, a través de una cuidada selección de sistemas de planificación de estrategias didácticas, así como la utilización de medios y recursos didácticos.

La integración de todas las actividades planificadas alrededor de un plan de formación adaptado e individualizado, aumentará además la satisfacción del alumnado por la utilización de un sistema no lineal e interactivo que se retroalimenta gracias a la relación establecida entre la propia metodología y los actores que forman parte de la enseñanza.

2. El programa de formación

Una de las claves del éxito de la mayoría de las actividades que se realizan en general, y concretamente en la formación, es la **programación.** Es necesaria la programación de las acciones formativas, para que así se pueda alcanzar el objetivo final, es decir, que el alumno obtenga una buena capacitación y adquiera nuevos conocimientos en su repertorio y que, después, sea capaz de emplearlos en su trabajo.

2.1. Definición de programación

Cuando se habla de **programación,** se pueden encontrar multitud de definiciones. Para sintetizar, se podría definir como la actividad de enunciar lo que
se quiere hacer (objetivos, contenidos, métodos, temporalización, medios y
recursos didácticos y evaluación).

 Definición

Programación
Es un plan donde se establecen las acciones que se van a realizar en un proceso de
enseñanza-aprendizaje, por medio de un formador o un equipo.

A continuación, se va a describir una serie de características que tiene que
tener una programación didáctica:

- Dinámica. Una programación no es estática ni está acabada, siempre
  está en constante revisión, de ahí su dinamismo. Además va cambiando
  o evolucionando según los resultados de la evaluación continua que se
  va realizando durante la ejecución de la acción.
- Flexible. Esta característica permite que se puedan hacer cambios, am-
  pliaciones, reducciones y actualizaciones de los contenidos y actividades programadas, según las necesidades que se observen.
- Creativa. La programación como es un diseño propio y exclusivo, exige
  creatividad y originalidad. El docente es el que decide sobre el quehacer
  en el aula teniendo en cuenta las características del grupo, las necesidades que se pretenden satisfacer y las propias posibilidades.
- Prospectiva. La programación consiste en hacer un pronóstico de la interacción que se va a producir en el aula.

- Sistemática. La programación es un proceso sistematizador que da coherencia a la acción formativa, ya que tiene en cuenta todos los elementos (objetivos, contenidos, métodos, temporalización, medios y recursos pedagógicos y evaluación) que intervienen en el acto educativo y analiza sus relaciones.
- Integradora. Permite integrar elementos de cualificación técnico-profesionales con elementos de cualificación personal de alumnado.
- Funcional. Toda programación debe basarse en el perfil profesional de la ocupación y estructurar los contenidos formativos que proporcionan las competencias de ésta.

2.2. Elementos de la programación

Antes de empezar cualquier programación formativa, es necesario tener en cuenta los datos obtenidos del análisis de la ocupación y del grupo al que se dirige la acción formativa. A partir de esta información, se determinan los elementos que van a conformar la programación.

Cuando se realiza la programación de un curso, hay que plantearse previamente las siguientes preguntas:

1. ¿Qué quiero conseguir con la formación?	**OBJETIVOS**
2. ¿Qué conocimientos deben asimilar los alumnos para alcanzar los objetivos propuestos?	**CONTENIDOS DEL CURSO**
3. ¿Cómo trabajamos en el aula? ¿Qué actividades son las que realizamos?	**MÉTODOS DE ENSEÑANZA**
4. ¿Cuánto tiempo tengo y cuánto dedico a cada módulo?	**TEMPORALIZACIÓN**
5. ¿Qué medios y recursos didácticos se necesitan para poder llevar a cabo esas actividades?	**MEDIOS Y RECURSOS DIDÁCTICOS**
6. ¿Cómo sabemos que se ha producido el aprendizaje?	**EVALUACIÓN**

3. Factores determinantes de la efectividad de la comunicación en el proceso de enseñanza-aprendizaje

En toda comunicación que se produzca en el proceso de enseñanza-aprendizaje, existen factores determinantes que obstaculizan o refuerzan este proceso.

3.1. Obstáculos de la comunicación

Relacionados con el emisor

- No expresar de forma clara qué mensaje se quiere transmitir.
- Comentar algo a lo largo de la explicación que no sea lo correcto y pueda resultar desagradable.
- Cambiar el tema de conversación.
- Desviarse del tema que se está tratando.
- No mirar al receptor cuando se quiere expresar algo.
- No estar atento a las señales que emite el receptor.
- Expresar alguna idea a través de los gestos que no se corresponda con la idea a comunicar.

Relacionados con el receptor

- No comprender las ideas que quiere expresar el emisor.
- No pedir explicación al emisor de aquella información que no le haya quedado clara.
- Interrumpir al emisor cuando está hablando.
- Captar algo diferente a lo que el emisor desea transmitir.

Relacionados con el mensaje

- Mensaje confuso.
- Mensaje muy corto.
- Mensaje muy extenso.
- Abuso de muletillas.
- Utilización de frases sin terminar.
- Dar "rodeos" para decir la idea principal.

Relacionados con el contexto

- No ser el momento adecuado para transmitir algo.
- No saber escoger el lugar oportuno.
- La presencia de ruidos y de interferencias.
- No pensar en las personas que están cerca.

Relacionados con el código

- No utilizar el mismo código que la persona con la que se habla o a la que se escucha.
- No adaptar el vocabulario a la situación o a la persona con la que se conversa.
- Utilizar el doble sentido.

3.2. Sugerencias para el mejor funcionamiento de la comunicación

Emisor

- Acostumbrarse a planificar la comunicación.
- Concretar visiblemente los objetivos.
- Buscar la retroalimentación en la comunicación.
- No tratar de impresionar al receptor.

Mensaje

- Que sea claramente entendido por el receptor.
- Que la terminología usada sea de referencia común.
- Que reclame la atención y el interés del alumnado.
- Que sea sencillo de interpretar.
- Que su contenido sea adecuado y convincente.
- Que produzca el máximo efecto posible.

Canal

- Que sea el más apropiado al grupo al que se dirige, al contenido del mensaje y al objetivo que persigue el formador.
- Que sea el que cause mayor impacto en el receptor.
- Que sea el más eficaz.
- Que sea el que mejor domine el formador.

4. La comunicación verbal y no verbal en el proceso instructivo

Los medios de comunicación pueden agruparse en dos grandes bloques: los **medios verbales,** que son aquellos que usan la lengua como código compartido; y los **medios no verbales,** que son los que se fundamentan en otros códigos simbólicos. A su vez, dentro de los medios verbales, están el medio escrito y el medio oral.

Cada uno de estos medios tiene sus ventajas y sus inconvenientes, por lo que la selección del medio deberá tener en cuenta las circunstancias y características que en cada caso presenta el comunicador, la audiencia y el mensaje que se ha de transmitir.

4.1. Los medios verbales

La comunicación verbal

La comunicación verbal se utiliza para comunicar ideas o dar información, opiniones, expresar o describir sentimientos, etc. Sirve de vehículo a los contenidos explícitos del mensaje. Para garantizar la efectividad de la comunicación, es necesario que el mensaje se presente de forma descriptiva y operativa, pero siempre teniendo muy en cuenta el código común del grupo al que va dirigida esta comunicación.

Un uso correcto del lenguaje oral ayuda a acercarse más a los alumnos. Los principales aspectos a considerar son los que aparecen a continuación.

Construcciones gramaticales

El objetivo será transmitir el mensaje de la manera más clara posible. Se deben evitar los giros rebuscados, la sintaxis complicada y las metáforas. En las explicaciones y conversaciones debe primar el contenido sobre la forma.

Vocabulario

Es importante saber qué palabras van a expresar mejor los conceptos que se desean transmitir y las que pueden ser comprendidas mejor por los alumnos. El análisis previo de los alumnos ayuda a saber qué términos técnicos se pueden utilizar sin problemas, cuáles se tienen que explicar y cuáles se deben evitar.

En general, siempre hay que mantenerse dentro de un lenguaje formal, evitando los vocablos demasiado coloquiales, las palabras extranjeras, las referencias académicas y expresiones de carácter religioso, político, deportivo o cultural, que pueden resultar agresivas para los alumnos.

Ejemplos

Los conceptos abstractos que pueden aparecer y que dificultan la adquisición de los contenidos, tienen que ser expresados mediante las explicaciones del formador, siempre apoyándose en la visualización.

La comunicación escrita

La comunicación escrita posee un carácter más veraz que la oral. La interacción que tiene lugar entre el emisor y el receptor no es inmediata, en algunas ocasiones no llega a producirse jamás. Este tipo de comunicación ofrece más oportunidades expresivas y mayor complejidad gramatical, sintáctica y léxica. También hay que tener en cuenta que a veces dificulta la expresión y/o puede no proporcionar *feedback* de manera inmediata.

4.2. Los medios no verbales

Al igual que las palabras, los elementos de la comunicación no verbal son signos que representan una idea (se excluyen todos los signos lingüísticos).

A diferencia de la comunicación verbal, su función no se centra sólo en la transmisión de contenido, sino que traspasa esa frontera para expresar también las emociones del emisor, controlar la interacción y proporcionar *feedback* del efecto que el mensaje produce en el receptor. Todas estas funciones son muy útiles para el formador, tanto en su tarea de transmisor de conocimientos como en la tarea de motivar y dirigir al grupo.

A continuación, se detallan las diferentes categorías en las que se agrupan los elementos de la comunicación no verbal.

Kinesia

Posturas

Una de las primeras cosas que el formador debe transmitir a sus alumnos es confianza y seguridad, lo que puede conseguirse a través de una postura erguida (sin llegar a ser arrogante), de pie, apoyándose sobre los dos pies y manteniendo la cabeza alta.

Esta postura es útil, especialmente durante la presentación del curso, porque ayuda a relajar el cuerpo, a facilitar la respiración y a controlar las muestras de nerviosismo, al tener un buen apoyo en el suelo.

A medida que avanza el curso, se pueden adoptar otras posturas que faciliten el descanso (apoyarse), el acercamiento (echar el cuerpo hacia delante) o que resten protagonismo (sentarse).

Gestos

Los gestos son un buen aliado del formador, excepto cuando éste se siente incómodo o nervioso. Gestos de carácter adaptador, como rascarse o colocarse la ropa, pueden delatar su estado emocional.

La mayoría de los gestos cumplen la función de reforzar el mensaje verbal (ilustradores), aunque existen otros cuya función es regular las intervenciones cuando se dirige una discusión de grupo.

Expresiones faciales

Las expresiones de la cara transmiten las emociones y permiten obtener fácilmente una respuesta del alumno.

Una expresión facial agradable, como una sonrisa no forzada, facilita la creación de un ambiente relajado en el aula. Una sonrisa puede ser muy útil también para romper la tensión que inevitablemente surge en algunas sesiones.

Mirada

La mirada, junto con la postura, es uno de los mejores métodos para transmitir confianza (en momentos de nerviosismo se tiende a apartar la vista) y para captar la atención de los alumnos.

Mientras el formador habla debe mantener la mirada sobre los alumnos la mayor parte del tiempo, mirándolos el tiempo suficiente como para que se sientan atendidos pero no incómodos. También se puede utilizar la mirada durante las discusiones de grupo, con una función reguladora de las distintas intervenciones.

Desplazamientos

Realizar desplazamientos en el aula capta la atención del alumnado, además de facilitar el contacto visual. Hay que procurar que no sean repetitivos o bruscos (pasear cerca de los alumnos), y cambiar de un recurso a otro (ir de la pizarra al retroproyector), etc.

Recuerde

Los recursos no verbales que estudia la Kinesia son:

I Posturas.
I Gestos.
I Expresiones faciales.
I Mirada.
I Desplazamientos.

Estos recursos pueden utilizarse tanto para reforzar lo que se expresa mediante la comunicación verbal como para sustituirlo.

Proxémica

El aspecto de la proxémica que más interesa es la proximidad física entre los individuos, ya que los alumnos pueden sentirse violentos si el formador se aproxima excesivamente a ellos o, por el contrario, verle distante si no se acerca.

Se debe prestar atención a este aspecto, tanto durante las intervenciones como al distribuir el espacio del aula que se va a emplear, evitando siempre que los asientos estén demasiado juntos o demasiado separados.

Paralingüística

Para captar la atención del público, los oradores suelen hacer uso de determinados aspectos como el tono de voz o las pausas, que en algunos casos pueden parecer exagerados.

El formador, aunque emplee el método de la lección magistral, no es un orador y, por tanto, no debe prestar especial atención a estos aspectos, excepto cuando le plantean algún problema, debido a la ansiedad, al cansancio o a un mal estado de salud. Practicar en voz alta y realizar grabaciones durante la fase de preparación puede ayudar a vencer estas dificultades.

Volumen

Aunque el aula sea pequeña, se tiene que realizar el esfuerzo de hablar lo suficientemente alto para que todos los alumnos oigan las explicaciones y, a la vez, transmitir confianza. En general, el volumen se ajustará instintivamente cuando se compruebe dónde se sitúa la persona que se encuentra más alejada.

Entonación

El problema más frecuente, especialmente si se está cansado, es la monotonía, que no contribuye a captar la atención ni a motivar a los alumnos.

El interés que el formador muestre por el tema y una correcta preparación le hará destacar los puntos clave y jugar con la entonación de una forma adecuada a lo largo de toda la exposición.

Pronunciación

Los problemas se presentan especialmente cuando se está nervioso o se habla demasiado rápido. Se debe hacer un esfuerzo por articular todas las palabras de manera limpia y clara, abriendo la boca lo suficiente para pronunciar correctamente las sílabas, consonantes y vocales.

Velocidad

Una velocidad correcta puede ayudar a resolver problemas de pronunciación y de entonación. Se debe hablar a una velocidad normal o algo superior, para facilitar el mantenimiento de la atención. No obstante, si se está nervioso, se puede hablar con mayor lentitud para facilitar la respiración y relajarse. También se debe reducir la velocidad cuando se expliquen conceptos técnicos complejos o cuando se espere alguna respuesta por parte de los alumnos.

Recuerde

Los elementos que trata la Paralingüística son:

I El volumen.
I La entonación.
I La pronunciación.
I La velocidad.

Proyección física

Existen determinados factores que, sin que la persona diga ni haga nada, transmiten información y hacen referencia a la imagen física que esta persona proyecta.

Es fundamental que el formador transmita una imagen positiva para los alumnos. Se debe cuidar el aspecto externo y los artefactos que se usen, como los adornos y prendas de vestir. La manera adecuada de vestir depende de la situación y siempre debe estar en consonancia con lo que cada colectivo de alumnos espera del formador.

Ejemplo

Sería negativo vestir pieles para impartir un curso cuyo objetivo fuese desarrollar actitudes positivas hacia la protección del medio ambiente.

En cualquier caso, se debe llevar ropa que resulte cómoda, bien cuidada y no demasiado llamativa. A los adornos y al peinado se aplican las mismas reglas que al vestido.

Importante

Un objetivo fundamental del formador es dirigir la atención de los alumnos hacia el contenido que está desarrollando, nunca hacia su persona.

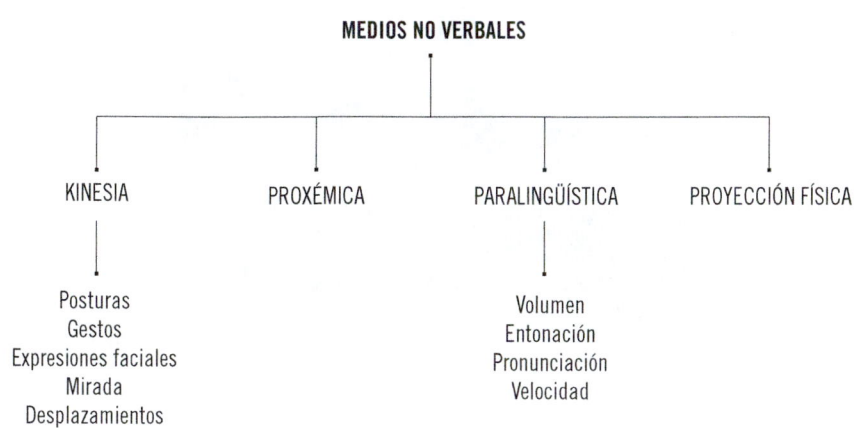

Finalmente, conviene recordar que si el formador observa atentamente la comunicación no verbal que expresan los alumnos, obtendrá una gran cantidad de información.

Hay numerosos signos no verbales que puede mostrar el alumno:

- **Atención:** posturas del cuerpo (inclinado hacia delante, hacia atrás...).
- **Necesidad de hablar:** movimientos sutiles de la boca, de la mano, etc.
- **Irritación:** movimiento de pies, manipulación de objetos sobre la mesa, etc.

- **Concentración:** tomar apuntes, mirar al docente, etc.
- **Cansancio:** cuerpo hundido, suspiros, etc.
- **Inercia:** silencios de todo el grupo, etc.
- **Desinterés:** cerrar el cuaderno, bostezar, mirar al vacío, etc.
- **Sorpresa:** levantar los brazos, abrir la boca, levantar las cejas, abrir los ojos, etc.

Si se observan estos elementos de forma atenta, se podrá obtener información sobre la comprensión del mensaje y el estado emocional de los alumnos, lo que será de gran utilidad para el formador durante el curso.

La comunicación no verbal aporta información al formador sobre los alumnos

5. Técnicas de secuenciación de contenidos

Una vez seleccionados los contenidos, hay que ordenarlos secuencialmente. La **secuenciación y estructuración de los contenidos** es el proceso que permite situarlos en una configuración que produce el máximo aprendizaje en el mínimo tiempo posible.

Algunas de las técnicas para la secuenciación de contenidos son las siguientes:

- Que los contenidos estén de acuerdo con los objetivos propuestos y con los plazos previstos para conseguirlos.

- Empezar por los contenidos más próximos y significativos para el alumno, para llegar poco a poco a lo desconocido. De esta manera, resultará más fácil introducir los nuevos contenidos.
- Ir de lo inmediato a lo remoto.
- Ir de lo concreto a lo abstracto.
- Ir de lo más fácil a lo más difícil. Esto motiva al alumnado porque le va mostrando los avances de manera rápida.

Las principales ventajas que este proceso conlleva son:

- Ayuda al participante a pasar de un conocimiento o habilidad a otro.
- Garantiza que los conocimientos y habilidades previas son alcanzados antes de introducir elementos nuevos.
- Reduce el tiempo de formación.
- Evita la confusión y los fallos en el participante.

Estos puntos son los principales aspectos a tener en cuenta cuando se realiza la presente fase de la programación de la formación, es decir, cuando se fijan los contenidos de la formación.

6. La selección y planificación de estrategias didácticas

Las personas que realizan un curso de formación son diversas, por ello es muy importante que las estrategias didácticas se adapten, de la mejor forma posible, al contexto y permitan una flexibilidad.

 Definición

Estrategias didácticas
Son procedimientos que el formador emplea para facilitar el aprendizaje, con la intención de que éste sea significativo.

Tras la selección y estructuración de contenidos, llega el momento de decidir la modalidad de formación a seguir y la metodología a utilizar en su impartición. Pero esta decisión no se puede tomar arbitrariamente, sino que ha de basarse en unos criterios. Los criterios de decisión básicos para determinar qué estrategia y qué método de formación es el adecuado, son:

- La compatibilidad con los objetivos.
- Los principios generales del aprendizaje del adulto: individualización, motivación, utilidad, practicidad, intereses, etc.
- Los principios de rigor, realismo y participación.
- El carácter eminentemente aplicativo de los aprendizajes.
- La posibilidad de transferir los aprendizajes al puesto de trabajo.
- Los recursos disponibles, incluido el tiempo.
- Los factores relacionados con los participantes, como el estilo de aprendizaje, la edad, el tamaño del grupo, la motivación, etc.

Una vez escogido el método, se observa que ninguno es químicamente puro, sino que unos participan de otros. Por lo demás, todo método puede ser adecuado o inadecuado dependiendo del modo en que sea empleado.

Los formadores deben utilizar los métodos flexiblemente, de la forma que mejor se adapten al estilo de formación, a la materia y a los alumnos, complementando cada método con la técnica y recurso didáctico más acorde.

7. La selección y planificación de medios y recursos didácticos

Para realizar cualquier acción formativa, hace falta algo más que elegir y aplicar unos métodos y unas técnicas. Son necesarios los medios y recursos didácticos, que van a ayudar a desarrollar la metodología seleccionada en el aula. Los medios y recursos didácticos permiten el trasvase de información formador-alumno.

 **Definición**

Medios didácticos
Son materiales elaborados para facilitar los procesos de enseñanza-aprendizaje.

Recursos didácticos
Son soportes mediante los cuales se presentan los contenidos del curso a los alumnos.

A la hora de escoger el medio o recurso a utilizar, se deben tener en cuenta los siguientes criterios:

- **Características de la materia o tema.** Dependiendo de la naturaleza de los contenidos, éstos pueden ser transmitidos por unos u otros métodos.
- **Los objetivos del curso.** Toda selección de medios y estrategias de enseñanza deben realizarse en función de éstos.
- **La disposición del aula y el número de alumnos.** Hay que tener cuidado, sobre todo en la visibilidad de alguno de los recursos, porque pueden perder eficacia.
- **Tiempo disponible para la formación.** Este elemento tiene que estar siempre presente, porque, en función del tiempo que se tenga, se elegirá lo que se adapte mejor a las necesidades.
- **Recursos disponibles,** ya que en algunas ocasiones están a nuestro alcance.
- **El uso que se haga de ellos,** cuál es la finalidad, qué es lo que se pretende y en qué momento se van a utilizar.
- **El nivel de conocimiento de los alumnos** sobre el tema.

Todos estos puntos se han de tener en cuenta a la hora de escoger un medio o recurso didáctico. La finalidad de éstos no es otra que la de fundamentar, apoyar y reforzar el acto formativo.

8. La planificación de la evaluación del proceso de enseñanza-aprendizaje

La aplicación de programas de formación lleva a la obtención de unos determinados resultados. Éstos serán los frutos de la formación y mostrarán el grado de eficacia y eficiencia con que se lleva a cabo la función formativa.

Los resultados indican el éxito de la formación mediante su contraste con los objetivos fijados anteriormente. Este procedimiento recibe el nombre de **evaluación,** proceso ampliamente conocido y con trascendencia reconocida para la formación. Según el proceso de evaluación aplicado, los resultados obtenidos serán reales y fiables, o bien, falseados.

Para que los resultados de la evaluación muestren con certeza el grado de éxito alcanzado con la formación, es necesario un requisito previo: el establecimiento de criterios de evaluación durante el proceso de planificación de la formación. Los criterios actúan como puntos de referencia, a partir de los cuales se valoran los resultados obtenidos.

Los criterios de evaluación han de fijarse con mucha atención, ya que determinan el proceso de evaluación, y éste juzga el grado de éxito de la función formativa.

El primer aspecto a tener en cuenta es la validez: los criterios de evaluación han de ser válidos en relación a los elementos del proceso formativo.

Los aspectos que determinan el grado de validez de los criterios de evaluación son:

- La relevancia.
- La no deficiencia.
- La no contaminación.
- Su fiabilidad.

El establecimiento de criterios válidos y fiables permitirá elaborar un proceso de evaluación de la formación que mida rigurosamente la eficacia y la eficiencia de la función formativa.

9. El seguimiento formativo

El seguimiento es un proceso continuo que sirve para evaluar la eficacia del uso de los recursos y para saber qué iniciativas se pueden emprender para mejorar el aprovechamiento de los recursos formativos.

El seguimiento, además de realizarse después de haber finalizado la planificación formativa, también se realiza antes de la acción.

9.1. Características

El seguimiento formativo permite evaluar los distintos componentes (desde los alumnos hasta todos los elementos que forman la programación) que intervienen en él durante todo el proceso de formación.

El seguimiento formativo se diferencia de la evaluación en que éste tiene que ver más con tareas organizativas, de coordinación, administrativas, etc.; sin embargo, la evaluación valora aspectos de los procesos de formación, como pueden ser la comunicación, el aprendizaje de los nuevos conocimientos, etc.

Con la realización adecuada de un seguimiento formativo:

- Se pueden **descubrir errores o desajustes** en el proceso de enseñanza-aprendizaje antes de que se realice la evaluación final para comprobarlos.
- Se pueden **corregir los errores** en el momento en el que se están produciendo.
- Además, **se detectan los aspectos positivos** que tienen lugar a lo largo de todo el proceso y las **posibles mejoras** que se pueden realizar.

El seguimiento formativo tiene que ser realizado por todas las personas que están implicadas en la realización de los cursos de formación (tutores, coordinadores, técnicos, etc.), por ello, el formador es una figura importante en el proceso de formación, ya que se encuentra implicado en él.

El proceso de formación debe estar planificado, pensado y planteado antes de que empiece la acción de formación, nunca debe llevarse a cabo de manera cerrada, sino que tiene que estar abierto a cualquier cambio que se considere necesario.

9.2. Finalidad

Son varias las finalidades que persigue el seguimiento formativo:

- Ayudar a comprender por qué ocurren algunas cosas y qué se puede hacer para intervenir en ese proceso que se está llevando a cabo.
- Identificar y solucionar los problemas que surgen a lo largo del proceso.
- Contribuir para elaborar planes de formación de manera objetiva, sin desviarse de la finalidad éste.
- Colaborar en la disminución y control del uso de los recursos materiales.
- Determinar el nivel que puede alcanzar el rendimiento y relacionarlo con el rendimiento actual.
- Diagnosticar y detectar problemas para llevar a cabo las acciones correctivas pertinentes.

9.3. Planificación

El seguimiento formativo debe planificarse antes y durante la acción formativa.

El objetivo de este seguimiento es comprobar la eficacia de la acción formativa antes de que ésta llegue a su fin, es decir, es necesario que durante este proceso todos los elementos que van a formar parte del aprendizaje estén planificados.

Los dos momentos que hay que tener en cuenta para planificar el seguimiento formativo son:

- **Antes de la acción formativa:** es necesario conocer las necesidades, el perfil del alumno, qué materiales, instrumentos, recursos, medios didácticos se van a usar.

■ **Durante la acción formativa:** aquí el seguimiento se utiliza para comprobar los posibles errores y mejoras que se pueden llevar a cabo. Ofrece la posibilidad de poder modificar aquellas acciones o medios que dificultan el avance del aprendizaje.

10. Instrumentos para el seguimiento

A lo largo de un ciclo formativo pueden suceder errores y surgir problemas, esto abarca desde la identificación de necesidades hasta la planificación, el diseño, la implantación y la evaluación. Por todo esto, es importante saber cuál es la causa del problema y saber tomar las medidas oportunas para que no se origine nuevamente.

Para detectar el origen del problema, siempre se necesita una información determinada, ésta sólo se puede obtener mediante técnicas que ayuden a obtenerlas, es decir, que permitan recabar y analizar los datos obtenidos.

Para el seguimiento del proceso de enseñanza-aprendizaje, se pueden confeccionar diferentes tipos de instrumentos de evaluación, como pueden ser los cuestionarios y utilizar la observación directa, etc., si el tipo de formación lo permite (presencial o semipresencial). Estos instrumentos variarán según el tipo de datos que se quiera conseguir.

Un ejemplo de plantilla para recoger y analizar la información podría ser esta:

CURSO:		1° Módulo	2° Módulo	3°Módulo
	Suficiente			
Objetivos del módulo	Insuficiente			
	Adecuado			
	Inadecuado			

Continúa en página siguiente >>

<< Viene de página anterior

CURSO:		1° Módulo	2° Módulo	3°Módulo
Contenidos del módulo	Suficiente			
	Insuficiente			
	Adecuado			
	Inadecuado			
Metodología	Suficiente			
	Insuficiente			
	Adecuado			
	Inadecuado			
Actividades y recursos	Suficiente			
	Insuficiente			
	Adecuado			
	Inadecuado			
Recursos materiales	Suficiente			
	Insuficiente			
	Adecuado			
	Inadecuado			
Recursos humanos	Suficiente			
	Insuficiente			
	Adecuado			
	Inadecuado			
Proceso de evaluación	Suficiente			
	Insuficiente			
	Adecuado			
	Inadecuado			
Nivel de satisfacción del alumnado	Suficiente			
	Insuficiente			
	Adecuado			
	Inadecuado			

Para el seguimiento del aprendizaje, como la información que se obtiene es de diferente índole, se recogerá mediante la aplicación de las técnicas seleccionadas y elaboradas para la evaluación de cada uno de los aspectos planteados (observación directa de los trabajos, participación, cuestionarios acerca de la motivación y satisfacción del alumnado, etc.).

Por ejemplo, los contenidos que se podrían incluir en la "parrilla" de análisis son los siguientes:

CURSO		1er Módulo	2º Módulo	3er Módulo
Conceptos (comprende los contenidos conceptuales)	Con facilidad			
	Con normalidad			
	Con dificultad			
Procedimientos (aplica y desarrolla los contenidos procedimentales)	Con facilidad			
	Con normalidad			
	Con dificultad			
Actitudes (manifiesta las actitudes adecuadas a los contenidos)	Con facilidad			
	Con normalidad			
	Con dificultad			
Motivación y participación	Con facilidad			
	Con normalidad			
	Con dificultad			
Satisfacción del alumno	Con facilidad			
	Con normalidad			
	Con dificultad			

Dos de las herramientas básicas son:

- **Los diagramas de flujo:** éstos sirven para desglosar en forma de componentes, para presentar una clara imagen de lo que ocurre.
- **Los checklists:** éstos son especialmente útiles para garantizar que se han realizado todas las acciones necesarias. Es otro método de ayuda orientado a los formadores y participantes para preparar, utilizar y solucionar los problemas del equipamiento.

Otros métodos de seguimiento y control que pueden ayudar en la formación son:

- Las reuniones formales e informales.
- Pasar un informe de las sesiones, cuestionarios de satisfacción o formularios de evaluación del curso.
- Entrevistas de evaluación.

 **Recuerde**

Algunos de los instrumentos de seguimiento más utilizados son:

I Cuestionario de satisfacción
I Cuestionario de motivación
I Observación directa
I Reuniones formales e informales
I Entrevistas de evaluación

11. Metodología de la evaluación del diseño de formación

Los métodos empleados en la evaluación siempre suelen son los mismos, independientemente de que se evalúen los objetivos, los contenidos, los recursos, etc. A pesar de esto, hay que tener en cuenta que no se deben utilizar todos los métodos que se van a nombrar, sino que todo dependerá de lo que se esté evaluando.

Los métodos más frecuentes son:

- Observación sistemática.
- Observación mediante observadores externos o internos del grupo.
- Análisis de trabajo.
- Entrevistas personales.
- Situaciones de simulaciones.

- Diálogos, debates.
- Cuestionarios específicos.
- Inventarios.
- Grabaciones en vídeo.
- Etc.

11.1. Evaluación de los objetivos

Cuando se diseña el programa formativo, se deben concretar los objetivos que serán objeto de evaluación al finalizar el curso, para comprobar si éstos se han alcanzado o no.

Los objetivos marcan aquellos aspectos claves que debe adquirir el alumno para alcanzar unas competencias determinadas. Éstos determinarán lo que el alumno será capaz de saber y saber hacer al acabar el curso, en unas condiciones dadas y con unos medios determinados.

Si, al finalizar el curso, se observa que los objetivos no se han cumplido en su totalidad, hay que analizar cuál ha sido la causa de este error y corregirlos. Si se han cumplido los objetivos, habrá que determinar los motivos de éxito, para volver a ponerlos en práctica en futuros cursos.

Los objetivos marcados al inicio de la formación sirven para:

- Dirigir la formación, es decir, saber hacia dónde se quiere llegar con ésta.
- Comprobar qué se ha logrado.
- Facilitar la evaluación, ya que se sabe cuáles son los objetivos que hay que evaluar.
- Reorientar la formación en el mismo momento que se está realizando.
- Elegir los métodos más adecuados para la formación.

La evaluación de los objetivos debe medirse atendiendo a:

- **Objetivos generales:** son utilizados para saber cuáles son las competencias generales.
- **Objetivos específicos:** parten de los objetivos generales.

■ **Objetivos operativos:** son derivados de los específicos. Son objetivos más concretos y siempre deben estar relacionados con actividades u operaciones determinadas. Son los más fáciles de medir.

 Ejemplo

Objetivos específicos para evaluar un curso de primeros auxilios:

❚ Aprender los conceptos básicos y generales de los primeros auxilios.
❚ Adquirir las habilidades y aplicar los principios de actuación para poder reaccionar adecuadamente en situaciones de urgencia.
❚ Conocer los aspectos jurídicos relacionados.

11.2. Evaluación de los contenidos

La evaluación de los contenidos se realizará para comprobar si los objetivos que se habían marcado al principio de la formación se han logrado, así como para eliminar aquellos contenidos que no aportan nada al curso.

Se debe tener siempre en cuenta que se puede lograr un mismo objetivo de formación utilizando diversos contenidos.

Para evaluar los contenidos, hay que comprobar si se ha seguido una secuencia lógica a la hora de impartirlos. Esta secuencia permite que los contenidos sean adquiridos por los alumnos de una manera más significativa, es decir, facilita el aprendizaje de los mismos.

Para que la evaluación de los contenidos resulte positiva, éstos deben ir expuestos:

■ De acuerdo con los objetivos propuestos y con los plazos previstos para conseguirlos.
■ De lo conocido a lo desconocido.

- De lo inmediato a lo remoto.
- De lo concreto a lo abstracto.
- De lo fácil a lo difícil.

Otro aspecto a tener en cuenta para que la evaluación de los contenidos sea positiva, es que éstos se deben estructurar adecuadamente, por ejemplo, mediante módulos, unidades didácticas, etc. Éstas tienen que abarcar los conocimientos, las habilidades y las actitudes que capacitan al alumno para poner en práctica las funciones que desempeñará en su puesto de trabajo. Por lo general, se pueden constituir equivalencias entre objetivos generales y cursos, objetivos específicos y módulos, unidades didácticas, etc. así como entre objetivos operativos y sesión formativa,.

 Ejemplo

Siguiendo el ejemplo anterior de primeros auxilios, los contenidos que se evaluarán para comprobar si se han logrado o no los objetivos anteriormente propuestos, son:

- Primeros auxilios: conceptos generales.
- Soporte vital básico (reanimación cardio-pulmonar)-adultos.
- Soporte vital básico-niños.
- Soporte vital instrumental.
- Traumatismos osteoarticulares. Inmovilizaciones (vendajes y férulas improvisadas).
- Movilización de urgencia y posiciones de espera.
- Traumatismos craneales y vertebro-medulares.
- Otras situaciones de emergencia.

11.3. Evaluación de la metodología

La evaluación de la metodología consiste en comprobar que los métodos que se han utilizado son los adecuados para lograr los objetivos formativos, aunque éstos deben ser flexibles a la hora de utilizarlos, ya que deben adaptarse a la materia tratada, a los alumnos, a los recursos disponibles, etc.

Para conseguir que la evaluación de la metodología sea positiva, se deben tener en cuenta las características que se emplean para definir un método. Éstas pueden ser:

- Presentar y mostrar la problemática del tema para que, a través de la reflexión y el esfuerzo, el alumno pueda resolverla.
- Respetar tanto la libertad de expresión como de creación.
- Las actividades que están destinadas al alumno tienen que ser dirigidas por el formador para que el alumno reflexione y participe.
- Motivar al alumno, relacionando los temas con sus intereses, motivaciones y necesidades.
- Organizar los nuevos aprendizajes para que se integren con los ya adquiridos.
- Tener en cuenta las limitaciones y las posibilidades que tiene cada alumno.
- Dar lugar a la acción individualizada a través de tareas que requieran planteamientos y acciones individualizadas.

11.4. Evaluación de actividades y recursos

Las **actividades** son unos elementos que acompañan a los contenidos formativos, ya que éstas refuerzan los contenidos que son expuestos por el formador. Siempre debe existir coordinación entre ambos, para esto se deben seleccionar adecuadamente tanto los métodos como las técnicas.

Para evaluar las diversas actividades que se han desarrollado, hay que formular una serie de preguntas para saber si las actividades han sido eficaces o han fallado en su ejecución. Algunas de estas preguntas pueden ser:

- ¿Qué ha hecho el alumno?
- ¿Ha sabido aplicar los conocimientos necesarios para lograr resolver las actividades?
- ¿Valora y comprende la finalidad de la actividad?
- ¿Ha mostrado interés en la realización de la misma?
- ¿Qué ha aprendido?
- ¿Han sido válidas las actividades?

- ¿Cuáles han fallado? ¿Por qué?
- ¿Se han alcanzado los objetivos?
- Etc.

Junto con las actividades, los recursos también tienen que ser evaluados, ya que de ellos va a depender en cierta manera la eficacia de las actividades. Por eso, en la evaluación de los recursos hay que tener en cuenta la eficacia de aquellos que se han utilizado y cuáles son los que se hubieran necesitado para desarrollar el curso.

Se pueden distinguir varios criterios para evaluar la eficacia de los recursos:

- Su calidad, porque actúa como mediador entre la realidad y la estructura cognitiva del alumno.
- El contexto metodológico, ya que todo va a depender de la metodología usada por el formador.
- Los propios alumnos, sus motivaciones, intereses, etc.
- La experiencia del formador en el manejo de los diversos recursos, sus habilidades, etc.

También es necesario tener en cuenta qué evaluar de los recursos:

- La rentabilidad de éstos.
- El aprovechamiento para distintas finalidades.
- El mantenimiento.
- La actualización, deben adaptarse a las nuevas tecnologías.
- La adecuación al proceso de enseñanza-aprendizaje.
- Posibilitar la acción, estimular y responder a las curiosidades presentes en el alumnado.

11.5. Evaluación del formador

La figura del formador es muy importante a lo largo de todo el proceso formativo, ya que, en cierta manera, el éxito o el fracaso de la formación recae sobre él, por lo tanto, es imprescindible conocer previamente a la persona que va a impartir un curso.

El formador es el mediador entre los contenidos y los alumnos, por lo que debe evaluarse de forma continua y a lo largo de todo el proceso de enseñanza-aprendizaje, así como al final del proceso, momento en que se comprobará si los métodos y estrategias que ha diseñado y utilizado han sido los adecuados, introduciendo posibles modificaciones para las prácticas futuras.

La evaluación del formador se puede realizar desde varias vertientes, en cada una de ellas se evalúan aspectos diferentes, pero todas persiguen el mismo fin, que es fomentar la calidad de la formación.

Evaluación realizada por los alumnos

Los alumnos pueden evaluar aspectos como la relación del formador con los alumnos, la organización de las sesiones, el control de clase, la efectividad de la enseñanza, etc.

En la siguiente tabla se muestra un cuestionario a modo de ejemplo:

Marque la opción que más se adecúe a las características que prevalecieron a lo largo del curso

1. Las oportunidades que tuve para realizar preguntas en clase fueron:
   a. Frecuentes
   b. Regulares
   c. Escasas
   d. Muy escasas

2. El interés que mostró el formador respecto a los alumnos fue:
   a. Satisfactorio
   b. Regular
   c. Poco
   d. Muy pobre

3. El clima existente en el aula fue:
   a. Bueno
   b. Regular
   c. Tenso
   d. Malo

Continúa en página siguiente >>

<< Viene de página anterior

**Marque la opción que más se adecúe a las características
que prevalecieron a lo largo del curso**

4. En la prueba final se evaluaban los contenidos dados a lo largo del curso:
   a. Sí
   b. No

5. El material presentado en el curso fue:
   a. Original
   b. Poco original
   c. Nada original

6. Las actividades que realicé para asimilar los contenidos fueron:
   a. Útiles
   b. Regulares
   c. Pobres
   d. Inútiles

7. El contenido marcado para el curso se expuso en su totalidad:
   a. Sí
   b. No

8. El grupo de alumnos afectó a mi aprendizaje:
   a. De manera positiva
   b. De manera negativa
   c. No me afectó

9. El material audiovisual me pareció:
   a. Atractivo
   b. Regular
   c. Inadecuado

10. Los procesos, problemas y soluciones experimentados en el trabajo en
    grupo fueron:
    a. Bien planteados
    b. Regular planteados
    c. Mal planteados

11. Las exposiciones por parte del docente me parecieron:
    a. Buenas
    b. Regulares
    c. Malas

Continúa en página siguiente >>

<< Viene de página anterior

**Marque la opción que más se adecúe a las características
que prevalecieron a lo largo del curso**

12. La actuación del profesor durante el curso evidenció:
    a. Un elevado conocimiento de la materia
    b. Un mediano conocimiento
    c. Un escaso conocimiento

---

13. El profesor supo controlar las conductas perturbadoras sucedidas a lo largo
    del curso de forma:
    a. Eficaz
    b. Regular
    c. Ineficaz

---

14. El ritmo que siguió el profesor al exponer los contenidos me pareció:
    a. Muy bueno
    b. Satisfactorio
    c. Monótono

---

15. La secuencia de presentación de los contenidos del curso fue:
    a. Lógica
    b. Regular
    c. Arbitraria

---

16. La actuación del profesor despertó interés y motivación:
    a. Muchas veces
    b. Algunas veces
    c. Pocas veces
    d. Ninguna vez

Evaluación realizada por el propio formador

En esta evaluación, el formador va a evaluar la preparación del curso, el desarrollo del mismo, y también realizará una evaluación propia de su actuación como formador.

En la siguiente tabla se muestra un cuestionario a modo de ejemplo:

Marque la opción que más se adecúe a las características que prevalecieron a lo largo del curso

A. PREPARACIÓN DEL CURSO

1. ¿Cómo ha sido el tiempo con el que ha contado?
    a. Suficiente
    b. Insuficiente

¿Por qué? _____

2. ¿Cómo considera la distribución de las sesiones del curso?
    a. Adecuadas
    b. Inadecuadas

¿Por qué? _____

3. ¿Ha dispuesto de las guías didácticas del curso?
    a. Sí
    b. No

¿Por qué? _____

4. ¿Ha dispuesto de los recursos necesarios para la preparación de sus sesiones?
    a. Sí
    b. No

¿Cuáles le han hecho falta? _____

5. Teniendo en cuenta su nivel de formación, ¿ha necesitado apoyo por parte de la dirección del curso?
    a. Sí
    b. No

¿Cómo ha sido el apoyo? _____

B. DESARROLLO DEL CURSO

6. ¿El desarrollo de las sesiones (distribución y tiempo) se ha correspondido con la planificación prevista?
    a. Sí
    b. No

7. ¿La metodología utilizada para el desarrollo de las sesiones ha propiciado la participación e implicación del alumnado?
    a. Sí
    b. No

¿Por qué? _____

Continúa en página siguiente >>

<< Viene de página anterior

Marque la opción que más se adecúe a las características que prevalecieron a lo largo de curso

---

8. ¿Considera que el clima del curso ha sido el adecuado?
   a. Sí
   b. No

¿Por qué? _____

9. ¿El contexto donde se ha desarrollado el curso ha sido adecuado y oportuno?
   a. Sí
   b. No

¿Por qué? _____

10. ¿Ha conseguido los objetivos propuestos?
    a. Sí
    b. No

¿Por qué? _____

C. AUTOEVALUACIÓN

---

11. Evalúe de 1 a 4 los siguientes apartados relacionados con su intervención como formador, donde:
    1. Considero imprescindible mejorar mi formación en este aspecto.
    2. Considero necesario mejorar mi formación en este aspecto.
    3. Cuento con recursos necesarios para el desarrollo ajustado del curso, pero podría encontrar dificultades si éste cambia el rumbo prefijado.
    4. Mi formación al respecto es adecuada y dispongo de recursos suficientes para el desarrollo óptimo del curso.

	1	2	3	4
Dominio de los contenidos				
Metodología/didáctica empleada				
Comunicación con el alumnado				
Trabajo en equipo				

D. AMPLIACIÓN

Puede anotar a continuación cualquier aportación que desee realizar y no haya sido considerada en este cuestionario.

_____

_____

11.6. Tipos de evaluación

Existen diferentes tipos de evaluación, cada una se aplicará atendiendo a diferentes criterios.

Según su finalidad o función de la evaluación

Diagnóstica

Esta evaluación, como su nombre indica, tiene un carácter diagnóstico, ya que permite que se conozcan las potencialidades del alumno. De esta manera, la actividad didáctica se dirige de forma más efectiva.

Formativa

Se utiliza como estrategia para mejorar y ajustar los procesos formativos en el momento que se están llevando a cabo, para alcanzar las metas y los objetivos marcados. La evaluación formativa es aplicable a la evaluación de procesos.

Sumativa

Se aplica a la evaluación de productos terminados, es decir, se sitúa concretamente cuando finaliza un proceso, cuando éste se considera acabado. Su propósito es determinar el grado en que se han conseguido los objetivos establecidos, para evaluar de forma positiva o negativa el resultado. Esta evaluación permite tomar medidas tanto a medio como a largo plazo.

Según el momento de aplicación de la evaluación

Inicial

Se produce al principio del proceso de enseñanza-aprendizaje. La función que tiene la evaluación inicial es identificar el nivel de conocimientos que tienen los alumnos que inician un curso y, de esta manera, comprobar si los alumnos cuentan con los conocimientos necesarios para comenzarlo, y determinar si es posible impartirlo de acuerdo al programa formativo o si se requiere alguna modificación.

Procesual

La evaluación procesual se basa en valorar, de forma continua, el aprendizaje de los alumnos y la enseñanza del profesor, a través de la recogida sistemática de datos, toma de decisiones, etc.

La evaluación procesual es totalmente formativa, ya que, al favorecer la recogida continua de datos, permite tomar decisiones en el mismo momento que se considere necesario.

Los resultados que se obtienen forman la base permanente para el formador a la hora de programar las actividades diarias, así como para establecer las actividades y los procedimientos más apropiados. De esta manera, se evitan las dificultades que se puedan producir en los aprendizajes que se están llevando a cabo. La finalidad de todo esto es evitar errores y vacíos en los aprendizajes posteriores.

Final

La evaluación final es aquella que se realiza al finalizar la formación, por lo tanto ésta recoge y valora los resultados obtenidos a lo largo de un periodo formativo.

Según su extensión

Global

Tiene en cuenta todos los elementos y procesos que guardan relación con todo lo que es objeto de evaluación. Por ejemplo, si se trata de evaluar el proceso de aprendizaje de los alumnos, esta evaluación se centra en todas las áreas en general, pero sobre todo en los diversos tipos de contenidos de enseñanza (conceptos, procedimientos, valores, normas, etc.).

Parcial

Esta evaluación no se realiza de manera global, sino que se lleva a cabo por partes, es decir, evalúa los componentes que más interesan.

Según los agentes que realizan la evaluación

Autoevaluación o evaluación interna

Es el proceso sistemático mediante el cual una persona o grupo examina y valora sus procedimientos, comportamientos y resultados, para identificar qué quiere corregir o modificar en él. La evaluación interna muestra que los alumnos están más motivados a la hora de realizar una tarea difícil. La puesta en práctica de la autoevaluación no conlleva que el profesorado abandone sus funciones, sino que implica una concepción diferente de la enseñanza.

La autoevaluación ofrece al estudiante ayuda para descubrir sus necesidades, cantidad y calidad de su aprendizaje, causas de sus problemas, dificultades y éxitos en el estudio. De esta manera, el alumno puede conocerse de manera más concreta.

Heteroevaluación o evaluación externa

La evaluación externa es realizada o llevada a cabo por otra persona que no es el protagonista del aprendizaje. En esta evaluación, lo más frecuente es que el profesor evalúe al alumno.

TIPOS DE EVALUACIÓN	
Según su finalidad o función	- Diagnóstica - Formativa - Sumativa

Continúa en página siguiente >>

<< Viene de página anterior

TIPOS DE EVALUACIÓN

Según su momento de aplicación	- Inicial - Procesual - Final
Según su extensión	- Global - Parcial
Según los agentes que la realizan	- Autoevaluación o evaluación interna - Heteroevaluación o evaluación externa

Bloque 2
Solucionarios de ejercicios de repaso y autoevaluación

Contenido

Solucionario 1
Computadores para bases de datos

 Solucionario Capítulo 1

1. **¿Qué es un procesador?**

Es la parte principal del computador que permite el funcionamiento de los componentes internos, el sistema operativo y las aplicaciones informáticas. Y está formado por una pastilla de silicio que tiene integrados transistores de pequeño tamaño formando un circuito electrónico, ubicado en un zócalo (o socket) de la placa base.

2. **Indique si las siguientes afirmaciones son verdaderas o falsas.**

a. Una interrupción en el procesador se produce por una causa interna al programa.

☐ Verdadero
☑ **Falso**

b. En el modelo RISC es necesaria poca memoria RAM para realizar el almacenamiento de las instrucciones.

☐ Verdadero
☑ **Falso**

c. La EDO-RAM y la BEDO-RAM son memorias asíncronas.

☑ **Verdadero**
☐ Falso

d. El primer procesador fue fabricado por Intel.

☑ **Verdadero**
☐ Falso

3. Relacione cada procesador con su fabricante:

    1. AMD
    2. INTEL
    3. IBM

    3. Power
    1. K6
    1. Opteron
    2. Pentium D
    1. Xeon
    1. Turion
    2. 80486

4. La caché es una memoria SRAM con...

    a. ... dos niveles de caché, la L1 y la L2.
    b. ... dos niveles de caché, la L1 de un tamaño entre 256 KB—4 MB y la L2.
    c. ... tres niveles de caché, la L1, la L2 y la L3, aunque la L2 y la L3 son opcionales.
    d. ... tres niveles de caché, la L1 que está integrada en el procesador, la L2 de menor velocidad y la L3 que hace de intermediaria entre la placa base y la caché L2.

5. Coloque, en el espacio en blanco, la palabra más adecuada.

    a. Para aumentar el rendimiento de un equipo se utiliza la memoria **caché**, que mejora la **velocidad** de transferencia entre el procesador y la memoria RAM.
    b. Las memorias de rápido acceso al tener poca **capacidad** y mayor coste se emplean para un **rendimiento** y velocidad óptimos de los equipos.
    c. La conexión de los periféricos al computador se realiza mediante **buses**.
    d. Un disco tiene las caras estructuradas en **pistas, cilindro** y sectores.

6. Defina memoria ROM.

Se define memoria ROM o Memoria de Solo Lectura como aquel chip de memoria que contiene los programas de arranque del ordenador y de configuración. No pierden la información cuando no hay alimentación eléctrica, pero son muy lentas.

7. Rellene la tabla siguiente de las memorias DRAM con una descripción correspondiente a cada una de ellas.

MEMORIA DRAM	DESCRIPCIÓN
SDRAM	Synchronous Dynamic RAM o DRAM Sincrónica. Elimina los estados de espera. Funciona a frecuencia mayor a 150 MHz.
DDR-SDRAM	Dual Data Rate-SDRAM o SDRAM de Tasa Doble de Transferencia de Datos. Duplica la tasa de transferencia y el voltaje es menor (portátiles). Módulos DIMM de 184 contactos.
DDR2-SDRAM	SDRAM de Tasa Doble de Transferencia de Datos de segunda generación. Módulos DIMM de 240 contactos. Dos canales separados, envía/recibe el doble de información.
DDR3-SDRAM	SDRAM de Tasa Doble de Transferencia de Datos de tercera generación. Módulos de 240 pines. Transferencia de datos a 800 -1600 MHz. Mayor ancho de banda y consumo energético menor.
DDR4-SDRAM	SDRAM de Tasa Doble de Transferencia de Datos de cuarta generación. Funciona a 2400 MHz y 1'2V. Compatible con Haswell.

MEMORIA DRAM	DESCRIPCIÓN
RDRAM	Rambus DRAM. Ancho de bus de 16 bits. Módulos RIMM. Velocidad de 800 MHz.
XDR DRAM	Extreme Data Rate DRAM. Alta velocidad y transferencia de datos. Baja latencia y bajo voltaje.

8. ¿Qué funciones tienen las interfaces de Entrada/Salida?

Algunas de las funciones de las interfaces de entrada/salida son:

- Transmisión de las órdenes del procesador al periférico.
- Controlar la transferencia de información entre el periférico y la CPU (Unidad de Procesamiento Central), realizando conversión de formatos y de velocidades mediante buffers de almacenamiento.
- Notificar al procesador los cambios de estado del periférico.

9. Explique la diferencia entre disco mecánico y disco de estado sólido.

El disco mecánico tiene sus partes diferenciadas en platos, motor y cabezales; mientras que los discos de estado sólido no tienen partes móviles, son componentes electrónicos (controlador, caché, condensador).

10. ¿Qué discos se emplean en servidores?

Los discos que se emplean en servidores son los discos SATA, SCSI y los de Canal de fibra.

11. Enumere algunos tipos de interfaces.

Serie / COMx / RS-232, Paralelo / LPTx, USB, Firewire / IEEE 1394, IrDA o Infrarrojos, Bluetooth, Ethernet o LAN, otros (PS/2, VGA, DVI, miniJack).

12. ¿Para qué se utilizan los procesadores Intel? ¿Y los procesadores AMD?

Los procesadores Intel se emplean para servidores y ordenadores de sobremesa y los procesadores AMD se utilizan en estaciones de trabajo y en aquellos que requieran un buen rendimiento multimedia (gráficos).

13. Indique cuáles son los periféricos de entrada y los de salida.

Periféricos de entrada: teclado, micrófono, ratón, escáner, joystick, cámara web, cámara digital, escáner de código de barras, lápiz óptico.

Periféricos de salida: monitor, impresora, altavoz, auriculares, etc.

14. Indique qué afirmación acerca del lenguaje ensamblador no es correcta y justifique la respuesta.

a. Es un lenguaje de bajo nivel.
b. **No existe ninguna diferencia con el lenguaje máquina.**
c. El programa ensamblador traduce el lenguaje ensamblador a lenguaje máquina.

Se diferencia del lenguaje máquina en que consiste en una secuencia lógica de instrucciones y cada instrucción se corresponde a una orden ejecutable que se puede almacenar en memoria.

15. ¿Cómo se pueden clasificar los sistemas operativos?

Por los servicios ofrecidos: Monousuario / Multiusuario, Monoprocesador / Multiprocesador, Monotarea / Multitarea, Monotramo / Multitramo, Interactivos / Tiempo Real.

Por la forma de ofrecer los servicios: centralizados, distribuidos, operativos en red, de escritorio.

Por la disponibilidad: libres, propietarios.

Solucionario Capítulo 2

1. ¿Qué es un sistema operativo?

Es el *software* o programa base que permite la comunicación entre el usuario y el computador y sobre el que se desarrollan las distintas aplicaciones que utiliza el usuario.

2. Enumere las interfaces de usuario que tiene un sistema operativo.

Interfaz de línea de comando, interfaz controlada por menús e interfaz gráfica del usuario o GUI *(Graphical User Interface)*.

3. Indique si son verdaderas o falsas las siguientes afirmaciones.

a. En memoria principal se encuentra una parte del sistema operativo al igual que el núcleo o kernel.

☑ **Verdadero**
☐ Falso

b. El intérprete de comandos o Shell es un componente del *hardware* del computador.

☐ Verdadero
☑ **Falso**

c. El primer sistema operativo multiusuario aparece en los años 50.

☐ Verdadero
☑ **Falso**

d. Entre las funciones del sistema operativo se encuentra la gestión de los recursos.

☑ **Verdadero**
☐ Falso

4. **Relacione cada palabra con el correspondiente requerimiento de la gestión de memoria implicado:**

      1. Organización física
      2. Reubicación
      3. Organización lógica

      <u>**2.**</u> *Swapping*
      <u>**3.**</u> Módulo
      <u>**3.**</u> Palabra
      <u>**2.**</u> Dirección virtual
      <u>**1.**</u> Memoria principal

5. **La memoria virtual es:**

      a. Una memoria física, no lógica.
      b. Una memoria lógica, no física.
      c. **Una memoria lógica, no física, cuya capacidad de almacenamiento puede ser mayor que la memoria física del sistema y ejecuta solo la parte del proceso que se carga en memoria principal.**
      d. Una memoria física, no lógica, cuya capacidad de almacenamiento puede ser mayor que la memoria física del sistema y ejecuta solo la parte del proceso que se carga en memoria principal.

6. **Rellene con la palabra más adecuada el espacio en blanco.**

      a. La **compartición** permite que varios procesos accedan a la misma zona de **memoria**.
      b. La dirección lógica o virtual se utiliza como **identificador** para referenciar información en el espacio de direcciones de un programa.
      c. Un proceso no debe referenciar el espacio en memoria de otro proceso sin **permiso**.
      d. La memoria se organiza en un **espacio** de direcciones lineal en el que cada dirección es una secuencia de ***bytes*** o palabra.

7. **Defina paginación.**

Se define paginación como el proceso de gestión de memoria virtual que permite que a un programa se le asignen zonas de memoria no consecutivas. El espacio virtual de direcciones se encuentra dividido en páginas del mismo tamaño y el espacio físico que almacena las páginas o memoria principal se divide en bloques de longitud fija o marcos de páginas.

8. **Rellene la tabla siguiente donde aparecen los sistemas operativos con algunas de las características más significativas en la gestión de memoria.**

SISTEMA OPERATIVO	CARACTERÍSTICAS
LINUX	Tabla de páginas con 3 niveles. Dirección virtual dividida en 4 campos. Sistema de Colegas. Algoritmo de reloj. Liberación de memoria cuando es necesario.
WINDOWS	Páginas con distintos estados. Liberación de memoria una vez por segundo. Espacio de direcciones de 32 o 64 bits. Swapping.
SOLARIS	Tabla de páginas. Descriptor de bloques de disco. Tabla de marcos de página. Reloj de dos agujas.

9. **¿Qué tablas se utilizan en la paginación?**

Las tablas que emplea el sistema operativo en la paginación son:

- Tabla de páginas.
- Tabla de bloques de memoria.
- Tabla de procesos.

10. **Explique qué diferencia hay entre dirección virtual y dirección física.**

La dirección física o absoluta indica la posición real de memoria física donde se almacena información durante la ejecución de un proceso; mientras que la dirección lógica o virtual se emplea como identificador para referenciar información en el espacio de direcciones de un programa.

11. ¿Dónde se encuentra la Unidad de Administración de Memoria?

La Unidad de Administración de Memoria o Unidad de Manejo de Memoria o MMU se encuentra en el *hardware* del computador y suele integrarse en la Unidad de Procesamiento Central (o CPU).

12. Resuma brevemente en qué consiste la hiperpaginación.

La hiperpaginación (o *thrashing*) se produce cuando los procesos se encuentran la mayor parte del tiempo paginando en vez de ejecutando, por lo que disminuye el rendimiento del sistema.

13. ¿De qué campos está formada una dirección virtual en Linux?

Se encuentra dividida en cuatro campos: Directorio, Intermedio, Página y Desplazamiento.

14. Indique qué afirmación sobre la paginación no es correcta y justifique la respuesta.

    a. Los marcos de página son del mismo tamaño que las páginas virtuales.
    b. El contenido de las páginas se mantiene mediante bits de protección.
    c. Para traducir las direcciones lógicas a direcciones físicas no se tiene en cuenta el desplazamiento.

Las direcciones lógicas están formada por un número de página (p) y un desplazamiento (d) dentro de la página. El espacio de direcciones físicas se divide en marcos de igual tamaño que la página, por lo que una dirección física está formada por un marco (m) y el desplazamiento (d) dentro del marco. Como el tamaño de las páginas es igual al de los marcos, el desplazamiento también será el mismo. Finalmente la dirección física es [marco:desplazamiento].

15. ¿Qué es el algoritmo de reloj?

La gestión de memoria en Linux utiliza este algoritmo para el reemplazo de páginas, en el que cada página tiene asignada una variable con un tiempo determinado y las que no se referencian en mucho tiempo son las que se cambian.

 Solucionario Capítulo 3

1. **Defina qué es un archivo.**

   Un archivo es una serie de información relacionada que se recoge en un dispositivo de almacenamiento secundario.

2. **¿Cuáles son los atributos de un archivo?**

   Nombre, Tipo, Localización, Tamaño, Protección, Tiempo, Fecha e Identificación del usuario.

3. **Indique si son verdaderas o falsas las siguientes afirmaciones.**

   a. La estructura interna de un archivo se representa por una cadena de *bytes*.

   ☑ **Verdadero**
   ☐ Falso

   b. El nombre de los ficheros obligatoriamente viene seguido de una extensión.

   ☐ Verdadero
   ☑ **Falso**

   c. Los archivos se organizan en secuencias de longitud fija o variable.

   ☐ Verdadero
   ☑ **Falso**

   d. Los tipos de archivos que soporta un sistema operativo son archivos y/o directorios.

   ☐ Verdadero
   ☑ **Falso**

4. Relacione cada sistema de archivos con el sistema operativo correspondiente.

      1. UNIX
      2. Windows

      1. ReiserFS
      2. FAT
      1. Ext3
      1. XFS
      2. NTFS

5. Un directorio está formado por...

    a. ... una serie de nodos sin información.
    b. ... una serie de nodos con información acerca de los archivos, para que el usuario organice los directorios.
    c. ... una serie de archivos con información complementaria.
    d. ... una serie de archivos ordenados alfabéticamente.

6. Enumere las formas de acceso a los archivos.

La forma de acceso a los archivos son: secuencial, aleatoria e indexada.

7. Rellene los espacios en blanco con la palabra más adecuada.

    a. Un **directorio** o subdirectorio contiene ficheros y/o **subdirectorios,** cuyo formato interno es el mismo para todos los directorios.
    b. En el directorio **padre** está la entrada de referencia de un fichero o directorio.
    c. La ruta **absoluta** nombra a cada fichero respecto al directorio raíz.
    d. La ruta **relativa** nombra al fichero respecto al directorio **actual.**

8. Rellene la tabla siguiente con los métodos de asignación de espacio.

MÉTODOS DE ASIGNACIÓN DE ESPACIO	DESCRIPCIÓN
CONTIGUO	Bloques contiguos. Acceso secuencial y directo. Fragmentación externa. Extensiones.
ENLAZADO	Lista enlazada de bloques. Evita fragmentación externa. Acceso secuencial. Clústeres o agrupaciones de bloques. Tabla de asignación de archivos (FAT).
INDEXADO	Bloque de índices. No produce fragmentación externa. Acceso directo con FAT.

9. ¿Cómo se administra el espacio libre?

El espacio libre se puede gestionar mediante: mapa o vector de bits, lista enlazada, lista enlazada con agrupación o cuenta.

10. Explique la diferencia entre enlaces absolutos y relativos.

Un enlace absoluto crea una nueva entrada en el directorio y copia la dirección de la estructura de datos con la información del archivo; mientras que un enlace relativo crea una nueva entrada en el directorio, indica qué tipo de enlace es y almacena el camino de acceso absoluto o relativo del archivo al cual se va a enlazar.

11. ¿En qué sistema de archivos está la tabla maestra de ficheros o MFT?

La tabla maestra de ficheros o MFT se encuentra en el sistema de archivos NTFS de *Windows.*

12. Describa en qué consiste un sistema de archivos virtual.

El sistema de archivos virtual (o VFS, Virtual File System) de UNIX es una estructura formada por cuatro zonas: la zona de arranque que tiene información para el arranque del sistema operativo, el superbloque sobre la estructura del sistema de archivos, la lista de i-nodos donde se sitúa la información de los i-nodos reales de los archivos abiertos y los bloques de datos de los archivos y directorios almacenados en el sistema.

13. ¿Qué sistemas de archivos tienen *journaling?*

Los sistemas de archivos que utilizan *journaling* son los utilizados en UNIX Ext3 y Ext4, ReiserFS y Reiser4, JSF y XFS; además del sistema NTFS de Windows.

14. Indique qué afirmación sobre el *journaling* no es correcta y justifique la respuesta.

 a. **Se basa en un registro semanal en el que se almacena la información para restablecer los datos afectados en caso de fallo.**
 b. Favorece la integridad de los datos y permite la recuperación del sistema.
 c. Implementan transacciones de sistemas de bases de datos y evitan la corrupción en el sistema de archivos

El registro en el que se almacena la información para restablecer los datos afectados es diario.

15. ¿Qué permisos se configuran para garantizar la seguridad del sistema de archivos?

Los permisos que se le pueden asignar a los niveles de seguridad de los accesos son de lectura, escritura y ejecución.

Solucionario Capítulo 4

1. **Defina qué es multiproceso.**

Es aquel sistema donde existe más de un procesador y se utiliza la memoria compartida, con la capacidad de atender simultáneamente a procesos diferentes y bajo el control de un sistema operativo único.

2. **¿De qué está formado un multiprocesador?**

De un sistema operativo, dos o más procesadores, un almacenamiento común, canales de entrada/salida, unidades de control y dispositivos.

3. **Indique si son verdaderas o falsas las siguientes afirmaciones.**

   a. En el tiempo compartido se utilizan varias vías de comunicación.

   ☐ Verdadero
   ☑ **Falso**

   b. La matriz de barras cruzadas e interruptores emplea una única vía de comunicación.

   ☐ Verdadero
   ☑ **Falso**

   c. En la interconexión múltiple cada unidad accede a las unidades de almacenamiento mediante conexiones específicas.

   ☑ **Verdadero**
   ☐ Falso

   d. En el bus común, al fallar el bus también falla el sistema.

   ☑ **Verdadero**
   ☐ Falso

4. **Relacione cada afirmación con la arquitectura correspondiente.**

    1. NUMA
    2. UMA

    2. Los procesadores se conectan con switches
    1. El tiempo de acceso a memoria depende del acceso al procesador
    1. Poca extensibilidad
    2. Limitado por el tamaño del bus

5. **Enumere cómo se organiza el *hardware* del multiprocesador.**

La organización del *hardware* de multiprocesador se realiza en: tiempo compartido o bus común, matriz de barras cruzadas e interruptores, almacenamiento de interconexión múltiple.

6. **Complete los espacios en blanco con la palabra más adecuada.**

    a. Un solo procesador **(maestro)** supervisa el sistema operativo y ejecuta el programa supervisor que mantiene el estado de los procesadores del sistema **(esclavos).**
    b. Cada procesador tiene una copia del **kernel.**
    c. El programa supervisor **flota** entre los procesadores.

7. **¿Cuáles son los tipos de sistemas operativos multiprocesador?**

Los tipos de sistemas operativos multiprocesador son: configuración maestro/esclavo, supervisor independiente para cada procesador, supervisor flotante.

8. **En un multicomputador...**

    a. **... cada nodo tiene parte de memoria distribuida.**
    b. ... los procesadores comparten memoria, no la tienen distribuida.
    c. ... las comunicaciones están limitadas por el ancho de banda de memoria.

9. Complete la tabla siguiente con las características de las multicomputadoras.

TIPOS DE MULTICOMPUTADORAS	CARACTERÍSTICAS
MPP (Massively Parallel Processors)	Red interconexión de baja latencia y elevado ancho de banda. Sistemas grandes, poco escalable. Procesadores estándar. *Hardware* específico o aceleradores. Red de conexión y *software* propietarios.
CLUSTERS COMPUTERS	Conexión a red comercial. Centralizados o no. Redes TCP/IP. Escalable y rentable.

10. Explique la diferencia entre una multicomputadora MPP y un *clusters computers*.

Una multicomputadora MPP está conectada a la red pero no tiene un alto número de procesadores y se usa en el campo científico y comercial; mientras que clusters computers son cientos de ordenadores personales o estaciones de trabajo autónomos conectados mediante una red comercial.

11. ¿Qué tipo de multicomputadoras es la serie de connection machines?

La serie de connection machines es una multicomputadora MPP (Massively Parallel Processors).

12. Describa en qué consiste un sistema multiusuario.

En un sistema multiusuario varios usuarios simultáneamente comparten programas y se utiliza un sistema operativo para todos en un solo computador y también se emplea para indicar que varios computadores utilizan un mismo dispositivo periférico (impresora, fax, etc.). Esto se lleva a cabo por la presencia de varios procesadores en un mismo equipo y la existencia de redes informatizadas.

13. ¿Qué modelo organizativo de usuarios emplea *MS-DOS*?

El modelo de organización de usuarios que utiliza MS-DOS es el monousuario.

14. Indique qué afirmación sobre la organización de usuarios no es correcta y justifique la respuesta.

a. Los grupos de usuarios se crean para una eficaz administración de los recursos.
b. Según la conexión al computador hay usuarios locales y remotos.
c. **Los usuarios de un sistema operativo no necesitan de una cuenta de usuario para poder autentificar la identidad.**

Los usuarios para autentificar la identidad necesitan de una cuenta de usuario.

15. ¿Qué permisos tiene el administrador del sistema?

El administrador o superadministrador o root es el usuario que tiene más permisos del sistema o de la red. Puede realizar cualquier acción y/o modificación en el mismo.

Solucionario Capítulo 5

1. ¿Qué es la virtualización?

Es el efecto de abstraer los recursos de un computador proporcionando acceso lógico a recursos físicos, es decir, agrupar los recursos físicos de forma lógica para obtener beneficios sobre la configuración inicial.

2. Indique si las siguientes afirmaciones son verdaderas o falsas.

a. Una máquina virtual simula el funcionamiento de una máquina sobre la que se pueden instalar diferentes sistemas operativos, aplicaciones y dispositivos.

☑ **Verdadero**
☐ Falso

b. Solo existe un modelo de virtualización único.

☐ Verdadero
☑ **Falso**

c. Con la virtualización se separa de manera física la petición de servicios y los recursos físicos.

☐ Verdadero
☑ **Falso**

3. Enumere los tipos de máquinas virtuales que hay.

Máquinas virtuales de *hardware* o de sistema y máquinas virtuales de proceso o de aplicación.

4. Relacione cada palabra con el concepto correspondiente.

1. Hipervisor
2. Máquina virtual de proceso
3. Máquina virtual de *hardware*

2. Máquina Virtual Java
3. Virtualización de plataforma
2. Common Language Runtime
1. Monitor Máquina Virtual
1. Paravirtualización

5. Defina el concepto de hipervisor.

El hipervisor o hypervisor o VMM (*Virtual Machine Monitor*) es un *software* de virtualización que se inicia durante el arranque y se encuentra entre el *hardware* de la máquina física *(host)* y el sistema operativo de la máquina virtual (guest). Además, maneja y gestiona la CPU (Unidad de Procesamiento Central), la memoria, la red y el almacenamiento y reparte los recursos entre las máquinas virtuales existentes.

6. Rellene los espacios en blanco con la palabra más adecuada.

a. Las máquinas virtuales de **hardware** o **sistema** corren paralelamente sobre una máquina física anfitrión o **host** y tienen acceso al **hardware** virtualizado.
b. La principal característica de una máquina virtual de **sistema** o **hardware** es que pueden coexistir diferentes sistemas operativos y se puede llevar a cabo la **virtualización** de servidores.
c. Las máquinas virtuales de **proceso** o **aplicación** se ejecutan como un único proceso sobre el sistema operativo independiente del *hardware* y del sistema operativo.

7. ¿Cuáles fueron los primeros computadores virtualizados?

Los primeros computadores virtualizados fueron el IBM 7044 y el Model 67 de IBM.

8. **En la historia, la virtualización...**

    a. ... vuelve a surgir en los años 80 con la empresa VMware.

    b. ... se deja apartada en los años 90 debido a las computadoras personales y los sistemas multiusuario.

    c. ... surge en los años sesenta para los centros bancarios, militares y universitarios.

9. **Rellene la tabla siguiente con una descripción de los modelos de virtualización.**

MODELOS DE VIRTUALIZACIÓN	DESCRIPCIÓN
Plataforma	Varios sistemas operativos. Máquina virtual *(software* de virtualización). Unión varios servidores. Migración en caliente. Poco rendimiento.
Recursos	Simulación de recursos. RAID, SAN, VPN.
Aplicaciones	Recursos locales. Entorno virtual entre la aplicación y el sistema operativo.
Escritorio	Hospeda un sistema operativo de escritorio en una máquina virtual. Clúster de servidores (centralizado y remoto).

10. **Explique en qué consiste un sistema operativo invitado.**

Un sistema operativo invitado es aquel que se usa cuando en una aplicación para virtualización, sin hipervisor, que corre sobre un sistema operativo host, se ejecutan servidores virtuales con sistemas operativos independientes. Si también se implementa la traducción del juego de instrucciones, se ejecutan máquinas virtuales cuyo sistema operativo y aplicaciones se han compilado para *hardware* e instrucciones diferentes a la máquina física anfitriona.

11. ¿Qué son Bochs y Quemu?

Son emuladores que replican una arquitectura *hardware* completa y permite que se ejecuten sobre él máquinas virtuales. Se ejecutan sistemas operativos y aplicaciones distintos a los instalados en la máquina que ejecuta el emulador.

12. Describa en qué consiste la virtualización completa o nativa.

En la virtualización completa o nativa la capa de virtualización es un hipervisor que se encuentra entre los sistemas invitados y el anfitrión y contiene código que emula el *hardware* anfitrión. Por lo que se puede ejecutar en una máquina virtual con cualquier sistema operativo sin tener que modificarlo. El sistema anfitrión y el invitado se ejecutan sobre la misma CPU (Unidad de Procesamiento Central).

13. ¿Qué tipo de implementación de virtualización utiliza *OpenVZ, Linux V-Server* o *Solaris Zones*, entre otros?

La implementación de virtualización a nivel del sistema operativo.

14. Indique qué afirmación sobre paravirtualización no es correcta y justifique la respuesta.

    a. Utiliza hipervisor o *hypervisor* como capa de virtualización.
    b. No se realizan llamadas del sistema operativo invitado al hypervisor.
    c. No incluye simulación del *hardware* e introduce modificaciones que solo se pueden utilizar en un sistema operativo invitado.

Se realizan *hypercalls* que son llamadas del sistema operativo invitado al hypervisor.

15. ¿En qué tipo de implementación de virtualización el núcleo se convierte en hipervisor?

En la virtualización a nivel del kernel el núcleo se convierte en hipervisor empleando un módulo que ejecuta máquinas virtuales e instancias de sistemas operativos.

Solucionario Capítulo 6

1. **¿Qué es el rendimiento del sistema?**

   Es la capacidad de obtener una respuesta adecuada en un tiempo determinado.

2. **Indique si las siguientes afirmaciones son verdaderas o falsas.**

   a. Con el Administrador de Tareas no puede obtenerse información sobre el rendimiento del sistema.

   ☐ Verdadero
   ☑ **Falso**

   b. En el Monitor del Sistema los objetos se dividen en registradores.

   ☐ Verdadero
   ☑ **Falso**

   c. En Windows se puede evaluar el rendimiento del sistema mediante el Administrador de Tareas y el Monitor del Sistema.

   ☑ **Verdadero**
   ☐ Falso

3. **Relacione cada comando con el recurso que monitoriza.**

   1. Procesador
   2. Memoria
   3. Red

   1. Sar
   3. Netstat
   1. Top
   2. Pmap
   1. Lostat

4. **Enumere algunos comandos proc *(Processes Commands)*.**

   Algunos comandos proc son: pflags, pcred, pldd, psig, pstack, pfiles, pstop, prun, pwait, ptime.

5. **Defina las causas, a nivel general, que producen un aumento de recursos y, por lo tanto, una ralentización del computador.**

   Las causas que pueden producir la disminución de la velocidad de un computador son, entre otras, los programas en segundo plano, el *software* malicioso, complementos del navegador web (sobre todo el Adobe Flash Player), el fallo o inestabilidad de programas.

6. **Rellene los espacios en blanco con la palabra más adecuada.**

   a. La **interfaz** gráfica encargada de las animaciones de las ventanas, de los efectos en los iconos, etc., consume gran cantidad de **recursos.**
   b. La **indexación** de archivos ralentiza el sistema por lo que se puede **deshabilitar.**
   c. Si se desactivan los **sonidos** del sistema permite que el sistema vaya un poco más rápido.

7. **¿Cómo se solucionan las situaciones de alto consumo de recursos en *Linux*?**

   Algunas situaciones de alto consumo de recursos en Linux se solucionan disminuyendo el consumo excesivo de CPU de un proceso, disminuyendo el consumo excesivo de memoria de un proceso, reduciendo el consumo de energía.

8. **Los servicios son:**

   a. Programas o recursos que carga el sistema operativo y se encuentran corriendo en primer plano.
   b. **Programas o aplicaciones que carga el sistema operativo y se encuentran corriendo en segundo plano.**
   c. Programas o aplicaciones que carga el sistema operativo.

9. Rellene la tabla siguiente con algunos ejemplos de servicios para cada sistema operativo.

SISTEMA OPERATIVO	PROCESOS DE SERVICIOS
Windows	Cliente DHCP Cliente DNS Netmeeting Conexiones de Red Servidor Telnet Cliente Web
Linux	FTP TELNET DNS DHCP HTTP LDAP
Solaris	Bind –isc Dhcp –isc Sun Java System Web Server Sun Java System Directory Server Sun Java System Application Server

10. Explique en qué consiste el *accounting*.

Con el *accounting* se obtiene información del uso de los recursos de la red y el rendimiento del sistema. Es la capacidad de un sistema para registrar eventos mediante los sistemas de logs o registros secuenciales que determinan las acciones realizadas por un usuario, servicio, proceso, etc., y se incorpora al *software* que viene junto con el sistema operativo.

11. ¿Qué datos se recogen con el *accounting?*

Algunos de los datos que se recogen son: nombre del programa, tiempo de comienzo y fin, tiempo de CPU, nº *bytes* leídos/escritos en disco y en el terminal, nº páginas leídas.

12. Describa en qué consisten las pruebas de carga.

Las pruebas de carga son un tipo de pruebas de rendimiento a las que se somete al sistema operativo, en las cuales se hace pasar al sistema por una carga de trabajo alta y estable durante un tiempo corto (aproximadamente 1 hora). Se mide cuánto tarda un sistema en realizar tareas y funciones de un programa bajo condiciones predefinidas y si el rendimiento obtenido satisface los requisitos no funcionales de carga.

13. ¿Qué herramientas para realizar pruebas de carga son más recomendables?

Algunas de las mejores herramientas para realizar pruebas de carga son: Webserver Stress Tool, Qtest 5.0 y Proxy Sniffer, QEngine y Jmeter.

14. Indique qué afirmación sobre el plan de pruebas no es correcta y justifique la respuesta.

- a. **No tiene un contenido mínimo.**
- b. Es un documento para realizar el proceso de prueba.
- c. Se explican los objetivos de las pruebas, el plan de trabajo, procedimientos, herramientas y responsabilidades.

El contenido mínimo del plan de pruebas es: identificación del plan de pruebas y el sistema al que se aplica, elementos a probar, enfoque, criterio de aceptación o rechazo de un caso de prueba, criterio de suspensión, productos a entregar, tareas a realizar, necesidades, responsabilidades, personal necesario y formación adecuada, calendario, riesgos y contingencias.

15. ¿Qué se necesita para comenzar el proceso de pruebas?

Es necesario contar con el documento de requerimientos, el cual contiene la lista de las funciones que se tienen que realizar y su prioridad; además, se tienen que incluir requerimientos no funcionales como aspectos de organización, rendimiento y otros.

Solucionario 2
Sistemas de almacenamiento

Solucionario Capítulo 1

1. ¿En qué consiste la migración de datos?

Es el proceso de trasladar datos entre un sistema de datos existente a otro nuevo. En este proceso se contempla los pasos de limpiar, corregir y mover datos al sistema nuevo. El fin es conseguir que los archivos del sistema viejo funcionen en el sistema nuevo.

2. Indique si las siguientes afirmaciones son verdaderas o falsas.

   a. NTFS es compatible con *Linux, DOS, Windows 95* y *98*.

   ☐ Verdadera
   ☑ **Falsa**

   b. FAT 32 no puede asignar permisos para cada archivo.

   ☑ **Verdadera**
   ☐ Falsa

   c. FAT aloja una tabla en el disco duro donde contiene un mapa donde está almacenado cada dato.

   ☑ **Verdadera**
   ☐ Falsa

   d. La diferencia entre EXT2 y EXT3 es que EXT2 incorpora el registro por diario llamado *journaling*.

   ☐ Verdadera
   ☑ **Falsa**

3. ¿Qué contienen los siguientes directorios?

   a. /boot/. **Archivos compilados del *kernel*.**
   b. /dev/. **Archivos de dispositivo. Contiene un archivo por cada dispositivo que soporta.**

c. /tmp/. **Archivos temporales del sistema. Se elimina el contenido cada vez que arranca el sistema o cada cierto tiempo.**

d. /proc/. **Archivos de texto sobre los procesos que hay abiertos, la memoria y el *kernel*.**

4. Defina Volumen Físico.

Dispositivo de almacenamiento, normalmente discos duros, pero podrían ser cualquier dispositivo de bloques, que debe ser habilitado para incluirlo en un Grupo de Volumen. Pueden estar ubicados en una partición u ocupar toda una unidad de disco.

5. ¿Qué acción realizan los siguientes comandos?

a. vgcreate g1 /dev/sda2. **Crea un Grupo de Volumen llamado g1 en la segunda partición del disco.**

b. lvcreate –L 10 –name l1 g1. **Crea un Volumen Lógico con tamaño de 10 megabytes, ya que no se ha especificado la unidad de medida, con el nombre l1 en el Grupo de Volumen g1.**

c. mkfs.ext2/dev/mapper/g1-l1. **Crea un sistema de archivos basado en ext2 en el Volumen Lógico l1, que pertenece al Grupo de Volumen g1.**

d. lvremove/dev/g1/l1. **Elimina el Volumen Lógico l1 que pertenece al Grupo de Volumen g1.**

6. Complete el siguiente texto.

RAID utiliza varios **dispositivos de almacenamiento** como si se tratase de un único **disco duro,** aunque la información se almacena en todos los disponibles.

Lo característico del nivel **1** de RAID es tener la información por duplicado, utilizando la técnica de **espejado/*mirroring*.**

RAID de nivel **5** es el más utilizado y el más completo; si un disco falla la **información de paridad** contenida en otros permite la reconstrucción de **toda la información.** Para su funcionamiento requiere un mínimo de **3** unidades.

El RAID basado en ***software*** no es muy utilizado, ya que posee muchos inconvenientes a la hora de configurarlo y es más **lento.** La única ventaja es que es más **barato** que el basado en *hardware*.

7. Defina las tres grandes características de la fiabilidad en un sistema.

a. Confidencialidad: acceso a los datos de manera controlada y por autorización. Previene la difusión de información no autorizada, manteniendo en secreto u oculta dicha información.

b. Integridad: modificación de la información mediante permisos y autorización. Hace referencia a la integridad de los datos, refiriéndose al volumen de la información, e integridad del origen, refiriéndose a la autenticación.

c. Disponibilidad: se debe acceder a la información del sistema mediante una autorización. El objetivo de la disponibilidad es prevenir irrupciones no autorizadas o no controladas al sistema.

8. ¿Qué sucedería si en un sistema de clúster fallara un nodo?

Si fallara el nodo principal del sistema, ya sea por un problema de *hardware* o *software,* el mismo clúster sería capaz de iniciar un nodo secundario del sistema para seguir dando el servicio necesario.

9. ¿Qué sistema de almacenamiento interfiere en el rendimiento de la red local?

El sistema de almacenamiento que interfiere en el rendimiento de la LAN es el sistema NAS, ya que sirve archivos a través de la red local y hace que esta baje su rendimiento.

10. La copia de seguridad incremental se define por que...

a. ... copia los archivos que han sido creados o modificados, mirando la fecha de modificación de los archivos desde la última copia de seguridad.

b. ... realiza una copia exacta de los datos en un medio aparte. Necesita grandes dispositivos de almacenamiento.

c. ... es la más avanzada ya que solo copia los ficheros creados o modificados desde la última copia, reduciendo de esta manera la cantidad de datos a copiar.

d. Todas las opciones son incorrectas.

11. Calcule la disponibilidad de un sistema que debe dar servicio durante 24 horas, 5 días a la semana durante todo el año.

La disponibilidad se calcula (A-B/A) X 100.

24 horas X (5 días X 4 semanas X 12 meses) = 5760 horas/año.

Disponibilidad = ((5760 − 24) / 5760) X 100 = 99,58 %.

12. Clasifique por orden el proceso para elaborar un plan de continuidad de negocio.

- Desarrollar el plan a seguir. **3.**
- Analizar el negocio y evaluar los riesgos. **1.**
- Pruebas y mantenimiento. **4.**
- Seleccionar una estrategia a seguir. **2.**

13. Interprete el gráfico.

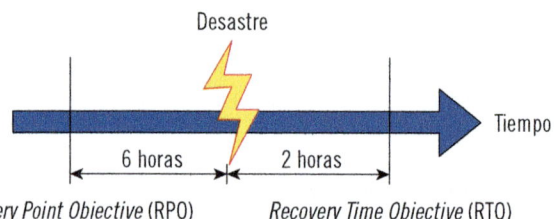

En la imagen se puede observar un gráfico donde se muestra un esquema sobre dos valores temporales, como son RTO y RPO.

Muestra que el RPO es de 6 horas, y quiere decir que en caso de pérdida se tendrán datos de 6 horas de antigüedad como mucho, e indica que el RTO es de 2 horas, lo cual significa que se tardará 2 horas en restaurar los datos.

En conclusión, se han perdido datos anteriores a 6 horas.

14. ¿Deberían cumplirse una serie de medidas para custodiar la información de datos personales de clientes en cualquier empresa?

    ❙ **Sí, debe cumplirse una serie de medidas establecidas en la LOPDGDD.**

    ❙ No, no importa.

15. ¿Cuándo se dice que el tipo de auditoría análisis forense se denomina *post mortem*?

Si se ha llegado a producir un daño fatal en el sistema, al realizar un estudio cuando ocurre algún incidente, se intenta averiguar la posible entrada no autorizada al sistema, así como la valoración de las pérdidas ocasionadas o no.

Solucionario Capítulo 2

1. **¿Cuántas particiones primarias y cuántas particiones lógicas puede tener un disco duro?**

El número máximo de particiones primarias que puede tener un disco duro es cuatro, y el número de particiones lógicas puede ser indefinido; para esto se crearon las particiones lógicas, para solventar el problema de las cuatro particiones primarias.

2. **¿Qué especificaciones debe tener la partición SWAP de _Linux?_**

Debe ser el doble de la memoria RAM si la memoria RAM tiene como máximo 1 GB. Si la RAM está entre 2 GB y 4 GB la partición SWAP será de la mitad de la RAM. Si se dispone de más de 4 GB de RAM el SWAP será de 2 GB.

3. **¿A qué sistemas operativos pertenecen los siguientes gestores de arranque?**

   a. Grub. _Linux_
   b. Bootmgr. _Windows_
   c. NT Loader. _Windows_
   d. Lilo. _Linux_

4. **¿Qué contienen los siguientes directorios?**

   a. /boot/. **Archivos compilados del _kernel._**
   b. /dev/. **Archivos de dispositivo. Contiene un archivo por cada dispositivo que soporta.**
   c. /tmp/. **Archivos temporales del sistema. Se elimina el contenido cada vez que arranca el sistema o cada cierto tiempo.**
   d. /proc/. **Archivos de texto sobre los procesos que hay abiertos, la memoria y el _kernel._**

5. **¿De qué informa el mapa de red?**

El mapa de red da información gráfica de los ordenadores y dispositivos que forman parte de la red.

6. Los sistemas de archivo de disco se definen por que...

    a. ... acceden a los archivos a través de una red.

    b. **... están pensados para el almacenamiento de archivos en una unidad de almacenamiento.**

    c. ... no se guardan en el disco duro.

    d. ... tienen una gran capacidad.

7. Complete el siguiente texto.

Para instalar dos sistemas operativos como **Windows** y *Linux*, el primero en instalarse debe ser **Windows** para que cuando se instale *Linux* el gestor de arranque que quede sea el de **Linux** por ser el **último** en ser instalado, ya que el gestor de arranque de *Windows* solo se detecta **a sí mismo** como único sistema operativo instalado.

8. ¿El sistema operativo *Linux* podría acceder a un disco con formato NTFS?

    ▌ **Sí, además es recomendable crear una partición NTFS para poder acceder a ella tanto desde *Windows* como desde *Linux*.**

    ▌ No, *Linux* solo accede a sistemas de archivos EXT.

9. Defina los niveles de permisos en *Windows*.

    a. Control Total: **los usuarios pueden leer, cambiar, crear y ejecutar archivos y carpetas.**

    b. Modificar: **los usuarios pueden cambiar y ver archivos y carpetas pero no crear.**

    c. Leer: **los usuarios pueden ver el contenido de carpetas como abrir archivos y subcarpetas.**

    d. Escribir: **los usuarios crean archivos y carpetas y realizan cambios en los archivos y carpetas que existen.**

10. ¿Cuál es la combinación de números en octal que asigna todos los permisos tanto de usuario propietario, grupo propietario y resto de usuarios?

Sería *777*.

11. Ordene por orden los pasos a seguir en un proceso de migración de bases de datos.

- ▮ Depuración de los errores finales. **8.**
- ▮ Migración de prueba. **6.**
- ▮ Definir el formato de origen y destino. **4.**
- ▮ Consolidar tablas en BBDD. **2.**
- ▮ Limpieza de tablas de BBDD. **1.**
- ▮ Mapeado de tablas de origen y destino. **3.**
- ▮ Definición de la codificación de datos. **5.**
- ▮ Evaluación y comprobación de los posibles errores en la prueba. **7.**
- ▮ Migración final. **9.**

12. Indique si las siguientes afirmaciones son verdaderas o falsas.

a. El mapa de red muestra el *router* del sistema.

☑ **Verdadera**
☐ Falsa

b. La codificación no es importante a la hora de migrar una base de datos.

☐ Verdadera
☑ **Falsa**

c. Un usuario normal de *Windows* puede asignar permisos de usuarios.

☐ Verdadera
☑ **Falsa**

d. El gestor de arranque Grub reconoce a *Windows* aunque pertenezca a otro sistema operativo.

☑ **Verdadera**
☐ Falsa

13. ¿Cuántos tipos de copia de seguridad existen? Defínalos.

    a. Copia completa: **se realizará una copia exacta de los datos en un medio aparte.**

    b. Copia incremental: **este tipo de copia de seguridad es la más avanzada ya que solo copia los ficheros creados o modificados desde la última copia, ya sea hecha por copia completa o incremental.**

    c. Copia diferencial: **este tipo de copia de seguridad reproduce los archivos que han sido creados o modificados, mirando la fecha de modificación de los archivos desde la última copia de seguridad a modo completo y en algunos casos desde la última copia a modo incremental.**

14. ¿Qué significa el primer carácter que hay en la línea de permisos, por ejemplo drwxr-xr-x? ¿Qué caracteres se podrían encontrar?

Significa que el recurso es un directorio. Se pueden encontrar caracteres como "-", que es un archivo común, "l", que representa a un acceso directo, y "b", que son archivos binarios.

15. ¿Qué dos carpetas excluye *Linux* de la copia de seguridad por defecto?

Carpeta de descargas y Papelera de reciclaje.

Solucionario 3
Aplicaciones microinformáticas e Internet para consulta y generación de documentación

Solucionario Capítulo 1

1. Los pasos a realizar para guardar un documento por primera vez en *Word 2021* son:

    a. Vaya a botón de Inicio → Archivo → Guardar y elegir nombre.
    b. Vaya a botón de Archivo → Guardar → Guardar como...
    c. Vaya a menú de Archivo → Guardar como... y elegir nombre y ubicación.
    d. Vaya a botón de Inicio → Archivo → Nominar *PDF.*

2. **Complete el siguiente texto:**

La barra de **título** es aquella en la que aparece el nombre de la aplicación que se está usando y el nombre del **documento** o archivo que está abierto en ese momento. En la esquina derecha de esta barra aparecen los botones de **Minimizar**, Restaurar/**Maximizar y cerrar.**

3. **Para cambiar el espaciado interlineal a 1,5 y poner una sangría izquierda de 1 cm en un párrafo en *Word 2021* hay que seguir los pasos...**

    a. ... Insertar → Párrafo → pinchar en la esquina para mostrar el cuadro de diálogo → Seleccionar las opciones.
    b. ... Diseño de página → Párrafo → pinchar en la esquina para mostrar el cuadro de diálogo → Seleccionar las opciones.
    c. ... Inicio → Párrafo → Seleccionar las opciones.
    d. Las opciones b y c son correctas.

4. **Si se quiere cambiar el color de una fuente en verde y que el texto que se va a escribir en *Writer* esté subrayado con puntos en negrita los pasos a realizar son:**

    a. Archivo → Carácter → Fuente.
    b. Formato → Fuente → Efectos de fuente.
    c. Formato → Carácter... → Efectos tipográficos.
    d. Todas las opciones son incorrectas.

5. Numerar los pasos que hay que seguir para que en un documento *Calc* a un rango de celdas se le cambie el formato a moneda y el tipo de fuente en tamaño 12.

   3. En la barra de formato elija el tamaño 12 en el desplegable.
   2. En la barra de formato pulse el botón formato numérico de moneda.
   1. Seleccione el rango de celdas que hay que cambiar.

6. Para añadir más hojas de trabajo tanto en *Calc* como en *Excel* los pasos a seguir son:

   a. Formato → Fuente → Insertar.
   b. Insertar → Insertar hoja.
   c. Barra de Opciones de hojas → Pulsar símbolo +
   d. Todas las opciones son incorrectas.

7. Relacione las siguientes funciones de la hoja de cálculo con su descripción.

   a. Suma(A1;A2;...)
   b. Promedio(A1;A2;...)
   c. Raiz(A1)

   c. Devuelve la raíz cuadrada de un número.
   a. Suma el contenido de las celdas seleccionadas.
   b. Calcula la media aritmética de las celdas seleccionadas.

8. **Complete el siguiente texto:**

   Cuando se quiere obtener el resultado de un cálculo en una hoja de cálculo se debe utilizar una **fórmula**; obligatoriamente esta debe empezar con el símbolo **igual**, después se tendrá que introducir el **operando**, después un **operador**, seguido del siguiente **operando**.

9. **El botón de Autorrelleno en una hoja de cálculo** *(Excel o Impress)* **es:**

    a. Un botón que está en la barra de formato con el texto A.

    b. Un cuadrito que aparece en la esquina inferior izquierda de la celda seleccionada.

    c. Un botón que está en la barra estándar con el símbolo de una flecha.

    d. Un cuadrito que aparece en la esquina inferior derecha de la celda seleccionada.

10. **Cuando se están poniendo efectos de animación a una diapositiva en** *PowerPoint* **se podrán ver los efectos de dicha diapositiva con...**

    a. ... el botón Presentación.

    b. ... el botón Reproducir.

    c. ... la tecla [F5].

    d. ... la tecla [F11].

11. **Cuando se pasa de una diapositiva a otra de una forma especial, tanto en** *Power-Point* **como en** *Impress,* **a esto se le llama:**

    a. Paso de una diapositiva a otra.

    b. Anima los elementos de una diapositiva.

    c. Estilo con el que se presentan todas las diapositivas.

    c. Tema.

    b. Efecto de animación.

    a. Efecto transición.

12. **Para eliminar determinado elemento que forma parte del estilo de diapositiva que se ha elegido, ya sea en** *PowerPoint* **como en Impress, los pasos a dar son:**

    a. Edición → Eliminar.

    b. Haga clic en el elemento y pulse [F5].

    c. Haga clic en el elemento y pulse [Supr].

    d. Todas las opciones son incorrectas.

13. **Para cambiar el orden de entrada de un elemento en la diapositiva se debe...**

    a. ... eliminar el efecto del primero y dárselo después al otro.
    b. ... arrastrar con el ratón.
    c. ... eliminar todos los efectos y darlos en el orden adecuado.
    d. ... reiniciar el programa.

14. **Señale cuál de las siguientes afirmaciones es verdadera o falsa.**

El cuaderno de carga, los requerimientos y las pruebas forman parte de la guía técnica.

    ☐ Verdadero
    ☑ **Falso**

Dentro del documento de guía de instalación se incluyen también las normas de seguridad.

    ☑ **Verdadero**
    ☐ Falso

15. **¿Cuál es el documento que tiene la información necesaria para utilizar el sistema o aplicación de forma adecuada?**

    a. Guía de instalación.
    b. Guía de uso o manual de usuario.
    c. Guía técnica.
    d. Guía de *software.*

Solucionario Capítulo 2

1. **¿Cómo se crea un documento *PDF* en *Word 2021?***

   a. Archivo → Guardar como ... → PDF.
   b. Archivo → Guardar → PDF.
   c. Botón [PDF].
   d. **Archivo → Guardar como ... → en Tipo elegir: PDF (*.PDF).**

2. **Enumere las ventajas principales de usar un documento estándar ya sea PDF u ODF frente a otros documentos que no lo son.**

   Con este se asegura el acceso futuro a la información, interoperabilidad, portabilidad y fiabilidad.

3. **Complete el siguiente texto:**

   Los **metadatos** son datos sobre los propios datos. Los metadatos son utilizados sobre todo para **gestionar, encontrar** y **preservar** información en el tiempo.

4. **Indique cuándo se lleva a cabo la implementación del metadato:**

   a. Etiquetas <META>.
   b. Datos sobre la fecha de creación, tamaño del archivo.
   c. Relación con otros elementos de información, Foto A incluida en Documento B.

   b. Al finalizar el documento con *software* específico.
   c. Antes de crear el documento.
   a. Durante la creación del documento HTML.

5. **Para utilizar la aplicación RSS es necesario...**

   a. ... instalar el canal RSS.
   b. ... suscribirte a las noticias RSS y configurar una fuente RSS.
   c. **... configurar un agregador o lector RSS y suscribirse a las noticias RSS que se deseen.**
   d. ... tener un ordenador de gran potencia.

6. ¿Cuál de las siguientes afirmaciones es correcta sobre las etiquetas Dublin Core?

    a. DC.Type informa sobre tipo de documento.
    b. DC.Title informa sobre el autor.
    c. DC.Rights informa sobre las palabras clave.
    d. **DC.Date informa sobre la fecha de creación.**

7. En Dublin Core hay una serie de descriptores; ¿en qué categorías se agrupan?

    a. Recursos, propiedad y estructura.
    b. **Contenido, instancia y propiedad intelectual.**
    c. Relación, instancia y estructura.
    d. Estructura y gestión.

8. Sopa de letras. Encuentre seis términos relacionados con el capítulo:

R	A	D	N	A	T	S	E
A	L	M	G	A	D	F	L
S	M	H	T	M	L	M	N
F	G	G	L	F	X	E	A
D	S	E	W	B	A	B	V
O	T	A	D	A	T	E	M

9. Relacione las normas ISO con el tipo de documento o aplicación que corresponda:

    a. ODF.
    b. PDF.
    c. SGML.
    d. Dublin Core.

    c. ISO 8879: 1986.
    b. ISO 32000-1: 2008.
    a. ISO 26300: 2006.
    d. ISO15836: 2003.

10. **¿Cuál de las siguientes afirmaciones es correcta según el criterio de clasificación y el tipo de metadatos?**

    a. **En los metadatos de tipo "automáticos" el criterio de clasificación es por creación.**
    b. En los metadatos de tipo "museísticos" el criterio de clasificación es por almacenamiento.
    c. En los metadatos de tipo "dinámicos" el criterio de clasificación es de dominio.
    d. En los metadatos de tipo "externos" el criterio de clasificación es de variabilidad.

11. **Complete el siguiente texto:**

    Los principales objetivos de los metadatos son **facilitar** las consultas en **Internet** y ofrecer información sobre el **flujo** de trabajo entre los distintos **documentos**.

12. **Según la función de los metadatos y la información que proporcionan, complete el siguiente texto:**

    La fecha de creación y **modificación** del documento es un metadato de tipo **administrativo**. Si los metadatos informan de **palabras** clave sobre parques naturales es de tipo **descriptivo**.

13. **¿Cuál de estas definiciones es la correcta para el archivo SGML?**

    a. System Grammar Metadata Language.
    b. Standard Grammar Metadata Language.
    c. **Standard Generalized Markup Language.**
    d. Standard Generalized Metadata Language.

14. **Las ventajas de utilizar la aplicación RSS son:**

    a. **No se necesita visitar todas las páginas de las que se reciben los titulares.**
    b. No se necesita instalar ningún programa ni suscribirse a ninguna página.
    c. Es un servicio barato.
    d. Todas las opciones son incorrectas.

15. **Para crear un documento PDF en Writer de *LibreOffice 24.2* se debe...**

    a. ... utilizar el botón PDF que está en la barra de menú.

    b. ... ir al menú Archivo → Guardar y en Tipo elegir PDF.

    c. ... usar el botón PDF de la barra estándar o ir al menú Archivo → Guardar como ... y en Tipo elegir PDF.

    d. Las opciones a y b son correctas.

Solucionario Capítulo 3

1. ¿Cuál de los siguientes servicios no es de Internet?

    a. Servicio de correo SMTP.
    b. Servicio de transferencia de ficheros FTP.
    c. Servicio de envío de Fax BTP.
    d. Servicio de telefonía VoIP.

2. ¿Qué es un navegador?

    a. Es un programa que solo permite hacer búsquedas en la red.
    b. Es un programa navegante, que está en varios ordenadores.
    c. Es un *software* que permite ver y recuperar documentos de hipertexto.
    d. Todas las opciones son incorrectas.

3. ¿Cuál de las siguientes afirmaciones es correcta para un buscador web?

    a. Es un programa *software* para recuperar y mostrar documentos de hipertexto.
    b. Es un motor de búsqueda.
    c. Es un sistema *software* para mostrar páginas web.
    d. Es un programa compatible con los procesadores de texto.

4. ¿Cuál de estas direcciones de Internet no sería correcta?

    a. http://www.un.org
    b. www.historia.esp
    c. www.acuarios.es
    d. www.visitlondon.com/es/

5. Sopa de letras. Encuentre seis términos relacionados con el capítulo:

F	A	C	E	T	O	N	I
I	N	T	E	R	N	E	T
R	O	D	A	C	S	U	B
E	D	E	H	W	O	P	L
F	I	F	M	I	A	R	S
O	N	R	L	K	U	L	K
X	O	I	N	I	M	O	D

6. Relacione los dominios siguientes con el tipo de organización o país que identifica:

    a. Dominio .ar
    b. Dominio .net
    c. Dominio .mobi
    d. Dominio .jobs

    <u>d.</u> Departamento de empleo y RRHH de empresas.
    <u>a.</u> País Argentina.
    <u>c.</u> Empresas o servicios de móviles.
    <u>b.</u> Para redes.

7. Complete el siguiente texto referido a los navegadores.

Un navegador Web es un **programa** *software* que **muestra** al usuario documentos de **hipertexto** y también contenidos **multimedia**.

8. ¿Cuál de las siguientes afirmaciones relacionadas con los navegadores es falsa?

    a. Internet Explorer es un navegador desarrollado por Microsoft.
    b. Microsoft Navigator desplazó a otros navegadores.
    c. El navegador Mozilla es de código abierto.
    d. Google Chrome aparece en el año 2008.

9. **Complete el siguiente texto en relación a los Wikis.**

Una Wiki es un sitio Web **comunitario,** donde los usuarios pueden **colaborar** en su creación. El término Wiki significa **rápido.**

Los Wikis son obras **colectivas** y no existen **derechos** de autor.

10. **Relacione las siguientes páginas Wikis con el contenido que muestran.**

    a. Wikitravel.
    b. Wikilengua.
    c. Wikiloc.
    d. Wikileaks.

    c. Rutas con localizaciones geográficas.
    d. Publica artículos de documentos confidenciales.
    a. Publica información para hacer una guía de viajes mundial.
    b. Comparte y se publica información sobre la lengua española.

11. **¿Cuál de las siguientes direcciones IP es correcta?**

    a. 265.255.0.0
    b. 255.255.0.0
    c. 255 255 0 0
    d. 255:255:0:0

12. **Complete el siguiente texto en relación a la Wikipedia.**

Wikipedia se define como una enciclopedia gratis, **libre** y **accesible** para todos. Está
administrada por la fundación **Wikimedia,** está publicada en **284** idiomas y comenzó
su funcionamiento en el año **2000.**

13. ¿Cuál de las siguientes afirmaciones es incorrecta en relación a la Wikipedia?

a. Al definirse como una enciclopedia libre la recopilación de la información es estructurada.

b. Existe un menú a la izquierda de la página inicial de Búsqueda y preguntas.

c. En la página inicial aparecen los artículos destacados y el menú de Participación y comunidad.

d. Sus creadores fueron Jimmy Wales y Larry Sanger.

14. El espacio de dominio de nivel superior está dividido en...

a. ... tres espacios: ccTLD, gTLD y e.TLD.

b. ... dos espacios: uno que identifica territorios y otro a empresas.

c. ... dos espacios: uno que identifica territorios ccTLD y otro genérico gTLD.

d. Todas las opciones son incorrectas.

15. ¿Cómo se va a la página de inicio en Chrome?

a. Usando la combinación de teclas [Alt] + [Inicio].

b. Usando la combinación de teclas [Ctrl] + [Inicio].

c. Usando la combinación de teclas [May] + [Inicio].

d. Usando la combinación de teclas [Alt] + [Supr].

Solucionario Capítulo 4

1. ¿Cuál de las siguientes afirmaciones es correcta?

    a. Una dirección de correo electrónico se divide en tres partes.
    b. En la dirección de correo electrónico la parte de la derecha del símbolo @ indica el nombre del correo.
    c. En la dirección de correo electrónico la parte de la derecha del símbolo @ indica el nombre del servidor de correo.
    d. En la dirección de correo electrónico la parte de la izquierda del símbolo @ indica el nombre del servidor de correo.

2. Complete el siguiente texto referido a los servidores de correo electrónico.

Los proveedores de correo electrónico pueden ser **de pago** o gratuitos. El servicio de correo puede ser a través de **página** web, llamado **webmail**, o programas que **gestionan** el correo, llamados **clientes** de correo; para estos últimos hay que **configurar** el equipo.

3. Sopa de letras. Encuentre seis términos relacionados con el capítulo:

C	H	I	E	M	N	E	A
F	D	I	W	N	S	T	F
K	E	M	J	I	V	A	O
C	H	A	T	C	T	I	R
A	F	P	E	K	J	O	O
B	L	R	I	S	M	E	N
L	I	A	M	B	E	W	B

4. **En la comunicación que representa el correo electrónico relacione sus elementos:**

    a. Emisor.
    b. Receptor.
    c. Canal.
    d. Mensaje.

    b. Quien recibe el mensaje.
    c. Internet.
    a. Quien envía el mensaje.
    d. Email.

5. **Para enviar un mensaje de correo electrónico se necesita obligatoriamente...**

    a. ... la dirección de email del remitente y escribir el mensaje.
    b. ... la dirección de email del destinatario y el mensaje de texto y un fichero adjunto.
    c. ... la dirección del servidor de correo y el mensaje.
    d. **... la dirección de email del destinatario y el mensaje, que puede ser un texto y/o un fichero adjunto.**

6. **Para enviar un email a varios destinatarios a la vez y que no se vean las direcciones de a los que va dirigido se debe...**

    a. ... crear el mensaje y en "Para" poner las distintas direcciones separadas por comas y Enviar.
    b. **... crear el mensaje y utilizar la opción Cco para poner los destinatarios y Enviar.**
    c. ... crear el mensaje y utilizar las opciones "Para" y Cc para poner los destinatarios y Enviar.
    d. ... enviar el mensaje como oculto.

7. **Complete el siguiente texto referido al correo electrónico.**

Al enviar un correo electrónico este va a través de **Internet** al servidor de correo **saliente** usando el protocolo **SMTP**. Cuando un usuario **recibe** un correo lo hace del servidor de correo **entrante**, usando el protocolo **POP3**.

8. **¿Cuál de las siguientes afirmaciones es correcta para enviar un email con texto y un archivo con el servidor de Gmail?**

    a. Abra el correo, vaya a Redactar, indique la dirección del destinatario, escriba el texto, pulse la opción Pegado de archivo y Enviar.

    b. Abra el correo, vaya a Nuevo, ponga la dirección del destinatario, escriba el texto, pulse el botón del clip y Enviar.

    c. Abra el correo, vaya a Redactar, ponga la dirección del destinatario, escriba el texto, pulse el botón del clip, localice el archivo y Enviar.

    d. Todas las opciones son incorrectas.

9. **Complete el siguiente texto que hace alusión al chat.**

Una de las principales ventajas del chat es que no **importa** la **distancia** geográfica de los interlocutores. Aunque es comunicación **escrita**, se le considera una comunicación cotidiana e **informal**, por ello se asemeja a la comunicación **oral**.

10. **Relacionar las siguientes afirmaciones sobre los foros y chat:**

    a. Se utilizan iconos para expresar emociones.

    b. Puedes ser cliente de IRC.

    c. Existen distintas conversaciones llamadas temas o hilos.

    c. Dentro de un foro.

    b. Protocolo de Internet para chat.

    a. Se les llama emoticonos en los chats.

11. **Haciendo referencia a las reglas netiquettes en foros, correos y chats, ¿cuál de estas afirmaciones es correcta?**

    a. Al escribir en el chat se deben respetar las reglas de ortografía.

    b. Cuando se hacen las preguntas en un foro se debe escribir todo en mayúsculas.

    c. Al enviar un correo electrónico es recomendable poner el asunto y respetar las reglas ortográficas.

    d. En todas las conversaciones hay que usar emoticonos.

12. En el envío de un email con el servidor Outlook, ¿qué afirmación es incorrecta?

    a. Se pulsa la opción Nuevo, se pone el asunto, se escribe el texto y se pulsa Enviar.

    b. Se pulsa la opción Nuevo, se adjunta un fichero, se pone la dirección del destinatario y se pulsa Enviar.

    c. Se pulsa la opción Nuevo, se pone el asunto, se pone la dirección del destinatario, se escribe el texto y se pulsa Enviar.

    d. Se pulsa la opción Nuevo, pero nunca hace falta poner el asunto.

13. Relacione los protocolos con el servicio en el que se utilizan:

    a. IRC.

    b. SMTP.

    c. VoIP.

    d. POP3 o IMAP.

    c. Servicio de chat con video (Skype).

    a. Servicio de chat.

    d. Servicio de email entrante.

    b. Servicio de email saliente.

14. ¿Cuál de estas afirmaciones es incorrecta referidas al correo electrónico?

    a. Los proveedores de correo electrónico pueden ser gratuitos o de pago.

    b. El servicio de correo electrónico puede ser de webmail o como cliente de correo.

    c. Para ver un correo con servicio de webmail primero hay que instalar un *software* en el ordenador.

    d. Outlook es el servidor de correo web de Microsoft.

15. Complete el siguiente texto en relación a los foros.

El foro es una **aplicación** web alojada en un **servidor** que simula un tablón de anuncios.

Los foros se dividen por su temática en **fórums**, dentro de ellos puede haber distintas **conversaciones** llamadas temas, **argumentos** o hilos.

A los mensajes escritos en ellos se les llama **post**.

 Solucionario Capítulo 5

1. **Según el modo de conexión de un cliente FTP, ¿cuál de las siguientes afirmaciones
no es correcta?**

   a. Modo pasivo.
   b. **Modo usuario.**
   c. Modo activo.
   d. Todas las opciones son incorrectas.

2. **¿Cuál de las siguientes afirmaciones es incorrecta con respecto a la transmisión de
ficheros?**

   a. Las recomendaciones RFC para el protocolo FTP son RFC 959.
   b. **Los puertos utilizados para FTP en el envío o descarga de ficheros son
21 y 22.**
   c. La transmisión de datos de protocolo FTP se basa en la filosofía cliente/
servidor.
   d. Todas las opciones son correctas.

3. **Según el modo de acceso del cliente FTP, ¿cuál de las siguientes afirmaciones es
correcta?**

   a. Acceso desconocido.
   b. **Acceso invitado.**
   c. Acceso activo.
   d. Acceso pasivo.

4. **Complete el siguiente texto referido al modo activo en la conexión del cliente FTP.**

   La petición la inicia el **cliente** a través de un puerto con número **mayor** que 1024 hacia
el puerto número **21** del servidor. La transferencia de datos la realiza el propio **servidor**
FTP. El servidor FTP utiliza el puerto **20.**

5. Sopa de letras. Encuentre seis términos relacionados con el capítulo:

U	O	M	I	N	O	N	A
G	E	I	L	A	J	U	R
P	T	F	E	T	U	C	O
H	N	G	L	E	E	Z	W
S	E	R	V	I	D	O	R
F	I	R	E	F	T	P	J
T	L	E	H	S	S	Q	I
C	C	O	M	Z	A	H	R

6. ¿Cuál de estas afirmaciones es incorrecta referidas a un cliente FTP?

   a. Un cliente FTP es un programa para descargar o enviar ficheros de gran tamaño.
   b. Existen clientes FTP basados en páginas web.
   c. Según el modo de acceso el cliente FTP puede ser activo o pasivo.
   d. Todas las opciones son incorrectas.

7. ¿Cuál de los siguientes servicios es posible utilizar directamente en el correo de Gmail si el fichero a enviar es muy grande?

   a. *DropSend.*
   b. *Google Drive.*
   c. *GigaSize.*
   d. *File Dropper.*

8. Complete el siguiente texto referido a la transferencia de ficheros de forma segura.

   Para proporcionar **seguridad** a la transferencia de datos con FTP surge **SFTP** que es Secure FTP. El servicio cliente FTP y el almacenamiento en la **nube** utiliza los protocolos **criptográficos** SSL que evoluciona a **TLS**.

9. Relacione las siguientes afirmaciones con respecto al modo de acceso o conexión en un cliente FTP:

    a. La transmisión de los datos la realiza el servidor FTP.
    b. El servidor FTP requiere que el cliente FTP se identifique y permite trabajar con privilegios en un directorio.
    c. El servidor no pide ningún tipo de identificación al cliente FTP.

    b. Acceso invitado.
    c. Acceso anónimo.
    a. Conexión modo activo.

10. ¿Cuál de los siguientes programas es un cliente FTP?

    a. *File Dropper.*
    b. *Sizable Send.*
    c. ***Filezilla.***
    d. *GigaSize.*

11. ¿Cuál de las siguientes afirmaciones es correcta con respecto a la transferencia de ficheros?

    a. *Filezilla* es un programa para alojamiento de ficheros en la nube.
    b. *Vsftpd* no es compatible con IPv6.
    c. *FireFTP* es una utilidad del navegador *Google Chrome.*
    d. ***ICloud Drive* es exclusivo para usuarios de Apple.**

12. ¿Qué significa FTP en inglés?

    a. *File Transfer Proxy.*
    b. *Fire Transfer Protocol.*
    c. ***File Transfer Protocol.***
    d. *Failure Transfer Protocol.*

13. ¿Cuál de los siguientes protocolos no se usa para la transferencia de ficheros?

  a. Protocolo SSL.
  b. Protocolo IP.
  c. Protocolo TSL.
  d. Protocolo SSH.

14. ¿Cuál de las siguientes afirmaciones no es una ventaja en un cliente FTP?

  a. Se pueden enviar o descargar ficheros de gran tamaño.
  b. En la conexión en modo pasivo el cliente FTP es el que inicia la transferencia de los datos.
  c. La transferencia de los datos se realiza en texto plano y no están encriptados.
  d. Todas las opciones son incorrectas.

15. ¿Cuál de las siguientes afirmaciones no es correcta en referencia a los protocolos?

  a. SSL (Secure Socket Layer), protocolo para establecer conexión segura cliente/servidor.
  b. TLS (Telnet Layer Secure), protocolo para establecer conexión telnet segura.
  c. AES 256 bits, protocolo para el cifrado y encriptado de datos.
  d. Todas las opciones son correctas.

Solucionario Capítulo 6

1. **De las siguientes afirmaciones sobre los inicios del *software* libre, ¿cuál de ellas no es correcta?**

    a. La fundación *Free Software Foundation* se crea para dar apoyo financiero y legal al proyecto GNU.
    b. Se crea una licencia *Copyleft* para garantizar que el *software* permanezca libre.
    c. **Richard Stallman comienza a trabajar en el *software* libre en 1994.**
    d. Todas las opciones son correctas.

2. **¿Cuál de las siguientes premisas no es un pilar básico en el *software* libre?**

    a. **Libre comercialización del *software* libre.**
    b. Libre distribución de copias.
    c. Libertad de uso para el *software.*
    d. Libertad para ver cómo funciona y modificarlo según las necesidades que se tengan.

3. **Complete el siguiente texto referido al proyecto GNU.**

    Con el fin de que el proyecto GNU permaneciera **libre** y no se pudieran establecer **restricciones** se crea una **licencia** específica para garantizar estos **derechos** conocida como *Copyleft.*

4. **Relacione las siguientes afirmaciones sobre *software* libre y/o de código abierto.**

    a. Se crea la licencia *Copyleft* para garantizar los derechos.
    b. Órgano de apoyo *Open Source Iniciative* (OSI).
    c. El término FOSS *(Free and Open Source Software)* abarca los dos conceptos.

    <u>**b.**</u> *Software* de código abierto.
    <u>**a.**</u> *Software* libre.
    <u>**c.**</u> *Software* libre y de código abierto.

5. Sopa de letras. Encuentre seis términos relacionados con el capítulo:

I	K	M	V	A	X	F	Y
S	A	N	D	R	O	I	D
X	O	F	E	R	I	F	H
N	H	P	B	J	C	S	D
A	T	G	I	M	P	Z	C
R	Z	Q	A	R	E	A	L
U	B	U	N	T	U	S	V

6. Relacione las siguientes definiciones con el tipo de licencia a la que corresponde.

    a. El autor determina los derechos de uso, copia y distribución, normalmente no permiten modificaciones del *software*.

    b. Las modificaciones del software así como las obras derivadas no tienen por qué tener el mismo tipo de licencia.

    c. Las obras derivadas y modificaciones deben tener las mismas licencias que el *software* original.

    b. Licencias de *software* de código abierto permisivas.

    c. Licencias de *software* de código abierto robustas fuertes.

    a. Licencias de *software* propietario.

7. Complete el siguiente texto referido al *software* libre.

El *software* libre se basa en **cuatro** principios o **libertades**:

    a. Libertad de **usar** el programa para cualquier **propósito**.

    b. Libertad de **distribución** de copias.

    c. Libertad para **modificarlo** y ver cómo **funciona**.

    d. Libertad para **realizar** mejoras y **distribuirlas**.

8. Definición de *software* libre.

Es un *software* que una vez que lo adquiere un usuario es libre para usarlo, copiarlo, distribuirlo y modificarlo libremente si lo considera necesario.

9. Relacione el nombre de los siguientes programas de *software* libre y para qué se utilizan.

> a. Kdenlive.
> b. Konkeror.
> c. Red Hat.
> d. Thunderbird.

> **b**. Navegador.
> **a**. Editor de video.
> **d**. Cliente de correo electrónico.
> **c**. Sistema operativo.

10. ¿Cuál de las siguientes afirmaciones no es correcta con respecto a los proyectos de *software* libre?

> a. *Gnome* es un proyecto para entorno de escritorio de sistema operativo Linux.
> b. *PostgreSQL* es un proyecto de sistema de gestión de base de datos.
> c. **Gimp es un proyecto de sistema de imágenes tridimensionales.**
> d. Todas las opciones son correctas.

11. Relacione los siguientes proyectos de *software* libre y a qué están orientados:

> a. *Apache.*
> b. *MySQL.*
> c. *Kde.*
> d. *Linux.*

> **d**. Proyecto de *software* libre para núcleo de sistema operativo.
> **c**. Proyecto para desarrollar un entorno de escritorio, para diversas aplicaciones y suelen empezar por la letra "K".
> **a**. Reúne más de 100 proyectos entre ellos el lenguaje Perl.
> **b**. Proyecto de base datos de código abierto más popular.

12. **Complete el siguiente texto que hace referencia a la distribución de *software* libre.**

El software libre suele distribuirse en **paquetes** denominados **distro**. Es un conjunto de **programas** para hacer funcionar el **ordenador**. Suelen basarse en un núcleo **Linux**.

13. **Con respecto al software de código abierto, ¿cuál de las siguientes afirmaciones es correcta?**

   a. Se necesita una aceptación expresa de la licencia.
   b. Existen restricciones para usuarios comerciales.
   c. **Libre distribución de las mejoras y modificaciones.**
   d. La licencia no es igual para usuarios que para grupo de usuarios.

14. **Relacione el tipo de licencia a que pertenecen las siguientes licencias de código abierto.**

   a. Perl license.
   b. Apple Source License v.2.0.
   c. Affero License 1.0.

   c. Licencias de código abierto robustas fuertes.
   a. Licencias de código abierto permisivas.
   b. Licencias de código abierto robustas débiles.

15. **Complete el siguiente texto que hace referencia a los proyectos de *software* libre.**

Un proyecto de *software* libre fomenta el **uso** y **desarrollo** del mismo. Los proyectos de *software* libre suelen ser de una o varias **aplicaciones** y programas en los que se puede **participar** bien como usuario final, **obtener** el *software* libre o bien como **desarrollador** participando en el proyecto.

Solucionario Capítulo 7

1. **Relacione los siguientes términos en control de versiones.**

   a. El conjunto de directorios y/o ficheros que son de un mismo proyecto.
   b. El lugar donde se almacenan los datos actualizados así como el histórico de cambios del proyecto.
   c. La copia local que se hace del proyecto para trabajar con él y realizar los cambios y modificaciones oportunas.

   c. Desplegar.
   a. Módulo.
   b. Repositorio.

2. **¿Cuándo se produce un conflicto en control de versiones?**

   a. Cuando un cliente quiere volver a una versión anterior.
   b. Cuando hay que desarrollar más de una línea del proyecto.
   c. Cuando dos programadores intentan realizar cambios en la misma parte del fichero.
   d. Cuando dos clientes intentan realizar cambios en la misma parte del fichero.

3. **Sopa de letras. Encuentre cinco términos relacionados con el capítulo:**

A	D	R	U	Z	H	C	I
R	E	V	I	S	I	O	N
S	P	E	H	A	M	M	T
U	O	L	U	D	O	M	U
G	T	A	M	S	E	I	R
D	E	P	I	G	A	T	A
V	T	M	F	O	R	W	F

4. ¿Cuándo se puede hacer merge o fusión?

    a. **Cuando entre las dos ramas no existe conflicto.**
    b. Cuando lo decide el cliente.
    c. Cuando se haya rotulado la versión anterior.
    d. Cuando se haya fusionado la versión anterior.

5. Complete el siguiente texto referido al control de versiones.

La forma más sencilla para hacer un control de versiones es hacerlo **local,** es decir, hacer copias de los archivos del proyecto en otro **directorio** guardando los datos de **fecha** y hora de las modificaciones, **quién** modificó el archivo, **qué** modificaciones realizó, etc., es un sistema sencillo pero dado a producir **errores.**

6. Relacione los siguientes programas con el tipo de arquitectura del control de versiones a la que corresponde.

    a. Centralizada.
    b. Distribuida.

    b. Git.
    a. CVS.
    a. Perforce
    b. Mercurial.
    b. Bazaar.
    a. Subversion.

7. Complete el siguiente texto referido al sistema de arquitectura distribuido.

En el sistema de arquitectura distribuido los usuarios no solo se descargan la última **versión** de los archivos con los que necesitan trabajar, sino que hacen también una copia local del **repositorio.** En realidad lo que se hace es una copia de seguridad **completa,** se pueden **intercambiar** versiones y **mezclar,** y suele haber un repositorio para **sincronizar** los distintos repositorios locales.

8. **¿Cuál de las siguientes afirmaciones no es correcta con respecto a los sistemas distribuidos?**

    a. Hay que tener equipos con mayor capacidad de almacenamiento.
    b. En los sistemas distribuidos se utilizan números de versión.
    c. Existe menos control de las versiones ya que no están centralizadas.
    d. Todas las opciones son correctas.

9. **Cuando aparece un conflicto al hacer el merge, ¿quién es el encargado de resolverlo?**

    a. Se necesita una aceptación expresa del cliente.
    b. Existen protocolos para su solución.
    c. El sistema de control de versiones.
    d. Uno de los usuarios debe decidir qué cambios realizar.

10. **Con respecto al CVS, ¿cuál de las siguientes afirmaciones no es correcta?**

    a. En CVS se pueden mantener distintas ramas del repositorio, y también actualizar la última versión para no tener que hacer una copia completa.
    b. En CVS los distintos clientes (desarrolladores) pueden hacer copias del fichero del repositorio que van a modificar.
    c. En CVS los ficheros en el repositorio pueden ser renombrados.
    d. Todas las opciones son incorrectas.

11. **Relacione las distintas interface gráficas de clientes de Subversion para los distintos sistemas operativos.**

    a. *TortoiseSVN.*
    b. *Subclipse.*
    c. *KDESvn.*

    c. *KDE.*
    a. *Windows.*
    b. *Eclipse.*

12. **Complete el siguiente texto que hace referencia a Mercurial.**

Es un sistema de control de versiones **distribuido** de *software* **libre** publicado bajo licencia **GNU/GPL,** para distintos sistemas operativos **Linux,** Windows, Mac OS, y tipo Unix, y esta implementado en lenguaje **Python.**

13. **Relacione los siguientes sistemas de control de versiones con los proyectos.**

   a. Subversion.
   b. GIT.
   c. Bazaar.
   d. Mercurial.

   c. Proyecto *Ubuntu.*
   d. Proyecto *Mozilla.*
   b. Proyecto *Gnome.*
   a. Proyecto *Apache Software Foundation.*

14. **¿Cuál de las siguientes afirmaciones no es correcta con respecto a los sistemas de control de versiones?**

   a. El sistema de control de versiones *Bazaar* es distribuido.
   b. **El sistema de control de versiones *Subversion* es usado en el proyecto *Linux Kernel.***
   c. El sistema de control de versiones *GIT* puede utilizar el almacenamiento para su repositorio *Github.*
   d. Todas las opciones son incorrectas.

15. **Complete el siguiente texto que hace referencia al flujo de trabajo de los sistemas de control de versiones centralizados.**

Existen **dos** formas de llevar a cabo el flujo de trabajo en un sistema centralizado: flujo de trabajo con **bloqueo,** en el que el primer usuario que pide el fichero lo **bloquea** mientras lo modifica; y flujo de trabajo con *merge* o **fusión,** en el que todos los usuarios toman el fichero, lo modifican y al **publicarlo** el sistema informa de los posibles **conflictos.**

Solucionario 4
Almacenamiento de la información e introducción a SGBD

Solucionario Capítulo 1

1. **Indique si las siguientes afirmaciones son verdaderas o falsas:**

  a. Las tarjetas en las que originariamente se almacenaba la información eran de papel.

   ☑ **Verdadero**
   ☐ Falso

  b. Las tarjetas en las que originariamente se almacenaba la información no se podían actualizar.

   ☐ Verdadero
   ☑ **Falso**

  c. El lugar en el que se almacenaban las tarjetas en las que originariamente se guardaba la información se denominaban archivadores.

   ☑ **Verdadero**
   ☐ Falso

2. **¿En cuál de los siguientes tipos de ficheros se almacena la información por orden de llegada?**

  a. **Ficheros de acceso secuencial.**
  b. Ficheros de acceso directo.
  c. Ficheros de acceso indexado.
  d. Ficheros de acceso por direccionamiento calculado (hash).

3. **¿Cuál es el mayor problema que se puede encontrar en los ficheros de acceso por direccionamiento calculado *(hash)*?**

  La mayor dificultad que entraña la técnica *hashing* es el diseño de la función que calculará la posición que ocupará un registro en la memoria. El motivo principal es que dicha función pueda devolver valores de direcciones de memoria idénticas para valores de clave diferentes.

4. Complete la siguiente oración:

Para **insertar** datos en un fichero con organización indexada se hará uso de una zona de la memoria denominada **área de desbordamiento** en la que se almacenarán **provisionalmente** los registros añadidos al fichero.

5. ¿Con cuál de los siguientes tipos de ficheros se relaciona el concepto de colisión?

    a. Ficheros de acceso secuencial.
    b. Ficheros de acceso directo.
    c. Ficheros de acceso indexado.
    d. Ficheros de acceso por direccionamiento calculado *(hash)*.

6. ¿Cuántos niveles de índice puede tener un fichero de acceso indexado?

    a. Uno
    b. Dos
    c. Los que necesite
    d. Ninguno

7. ¿En qué tipo de fichero no se requieren operaciones de mantenimiento?

    a. Ficheros de acceso secuencial.
    b. Ficheros de acceso directo.
    c. Ficheros de acceso indexado.
    d. Ficheros de acceso por direccionamiento calculado *(hash)*.

8. ¿Cuál de las siguientes características no es una ventaja de los ficheros de acceso secuencial?

    a. Tiempos de acceso cortos al siguiente registro.
    b. Poca complejidad.
    c. Uso sobre dispositivos de acceso secuencial como de acceso directo.
    d. No se recomienda en caso de requerir acceder a muchos de los registros.

9. En cuanto a los ficheros de almacenamiento secuencial, estos se pueden realizar sobre dispositivos...

    a. ... solo de acceso secuencial.
    b. ... solo de acceso directo.
    c. ... tanto de acceso secuencial como directo
    d. ... que no sean ni de acceso secuencial ni directo.

10. Indique si las siguientes afirmaciones son verdaderas o falsas:

    a. Un disco duro es un dispositivo de acceso directo.

        ☑ **Verdadero**
        ☐ Falso

    b. Una cinta magnética es un dispositivo de acceso tanto secuencial como directo.

        ☐ Verdadero
        ☑ **Falso**

11. **Complete la siguiente oración:**

El almacenamiento secuencial de **registros** evita la existencia de **espacio libre** en el fichero.

12. **Defina los conceptos de campo y campo clave para explicar sus diferencias.**

Cada uno de los datos que almacena el registro, relacionados con el sujeto en cuestión, se conoce como campo.

El campo clave es un campo especial que tiene como misión la de diferenciar a un registro del resto.

13. El hecho de requerir tareas extra de mantenimiento del fichero debido a operaciones de actualización y eliminación de registros es:

    a. Una ventaja.
    b. **Un inconveniente.**

14. ¿Por qué los ficheros de acceso por direccionamiento calculado no requieren operaciones de mantenimiento?

Gracias a que al insertar un nuevo registro este se ubica en la memoria de manera dispersa, no se requieren operaciones de mantenimiento posteriores a la modificación y eliminación de ellos con el fin de ordenar los registros en función del campo clave de estos o eliminar los huecos dejados por estos, respectivamente.

15. Complete la siguiente oración:

El almacenamiento por direccionamiento calculado **no** optimiza **el uso de la memoria** al realizarse en función de un algoritmo que calcula la **posición** de memoria en función del **campo clave** del registro.

Solucionario Capítulo 2

1. **Indique si las siguientes afirmaciones son verdaderas o falsas:**

   a. Una base de datos es un conjunto de datos interrelacionados y redundante.

      ☐ Verdadero
      ☑ **Falso**

   b. Una base de datos facilita a los usuarios un acceso concurrente a los datos cumpliendo ciertas restricciones de integridad.

      ☑ **Verdadero**
      ☐ Falso

2. **¿Con cuál de los siguientes objetos se puede ilustrar a una base de datos en un esquema?**

   a. Un cuadrado de una única sección.
   b. Un triángulo de una única sección.
   c. Una elipse de varias secciones.
   d. Un cilindro de varias secciones.

3. **¿Qué es una restricción de integridad? Ponga algún ejemplo.**

   Existe la posibilidad de definir ciertos requisitos sobre los datos denominados restricciones de integridad que estos deben cumplir en todo momento. Por ejemplo, para garantizar la eficacia a la hora de servir los productos solicitados por los clientes, una empresa establece que no se pueden realizar pedidos sobre artículos que estén a cero en el *stock* del almacén, con lo que no podría insertar dicho artículo en una hoja de pedido. Las restricciones de integridad no solo afectan a operaciones de inserción sino también a modificación o borrado. No podrá modificar la fecha de nacimiento de un usuario de un gimnasio si este es menor de 14 años o si el dato introducido es superior a la fecha actual, por otro lado tampoco podrá eliminar un cliente que tenga facturas a su nombre. Las restricciones de integridad se definen por la empresa u organización y se establecen durante la creación de la base de datos.

4. Complete la siguiente oración:

El **SGBD** realiza para el usuario una **separación** de la información totalmente funcional entre la parte **lógica** y **física** de la misma.

5. ¿Cuál de los siguientes SGBD no posee versiones gratuitas?

    a. MySQL
    b. Microsoft Access
    c. SQL Server
    d. Oracle

6. ¿Cómo se llama la versión gratuita del SGBD *Oracle?*

    a. Oracle Database Standard Edition
    b. Oracle Database Enterprise Edition
    c. Oracle Database Express Edition
    d. Oracle Database Standard Edition One

7. El tipo de usuarios que posee una base de datos...

    a. ... depende de la antigüedad que posea este en la organización o empresa pero no del puesto de trabajo que ocupe.
    b. ... no depende de la antigüedad que posea este en la organización o empresa ni del puesto de trabajo que ocupe.
    c. ... no depende de la antigüedad que posea este en la organización o empresa pero sí del puesto de trabajo que ocupe.
    d. Todas las opciones son incorrectas.

8. Indique si las siguientes afirmaciones son verdaderas o falsas:

    a. Un administrador de bases de datos puede ser la persona que en un primer momento diseña la base de datos.

        ☑ **Verdadero**
        ☐ Falso

b. Un administrador de bases de datos trabaja como responsable del control y funcionamiento de la base de datos.

☑ **Verdadero**
☐ Falso

9. Complete la siguiente oración:

Un rol en un **SGBD** es una agrupación de **permisos** que pueden ser asignados a los **usuarios** en función de las necesidades de estos.

10. ¿Qué entiende por "datos consistentes"? Ponga un ejemplo.

Es una característica de un SGBD que debe asegurar de manera estricta que no existan datos duplicados o valores no coherentes en la base de datos. No se debe permitir por ejemplo introducir una cadena de texto para el valor del importe de una factura o valores negativos en las cantidades de un pedido.

11. ¿Cuál de las siguientes operaciones no es propia del procesador de consultas?

a. Analizar la consulta en busca de errores.
b. Descomponer la consulta en subconsultas más sencillas de resolver.
c. **Gestionar el almacenamiento en disco de la información.**
d. Evaluar los recursos necesarios para su resolución.

12. Defina qué es un Lenguaje de Manipulación de Datos.

Es un lenguaje que permite a un usuario de la base de datos realizar consultas sobre la misma. Entre las operaciones más usuales que permite se encuentran recuperar datos, insertar nuevos datos, actualizar los existentes o eliminarlos.

13. ¿Cuál de las siguientes características considera una desventaja en el uso de un SGBD frente a un sistema de ficheros?

    a. Integridad de los datos

    b. Transacciones seguras

    c. Coste

    d. Privacidad en los datos

14. ¿Cuál de los siguientes modelos de datos necesita ser recorrido desde su elemento raíz para consultar algún dato?

    a. Modelo de datos relacional.

    b. Modelo de datos orientado a objetos.

    c. Modelo de datos jerárquico.

    d. Modelo de datos en red o CODASYL DBTG.

15. Indique si las siguientes afirmaciones son verdaderas o falsas:

    a. Una clave primaria es una clave candidata elegida por algún motivo concreto y mediante el criterio del diseñador de la base de datos.

        ☑ **Verdadero**

        ☐ Falso

    b. Una clave foránea relaciona a dos tablas de cualquier esquema relacional relacionando atributos de la primera tabla con atributos de la clave primaria de la segunda tabla.

        ☐ Verdadero

        ☑ **Falso**

Solucionario Capitulo 3

1. **Indique si las siguientes frases son verdaderas o falsas:**

   a. XML no es un lenguaje extensible.

   ☐ Verdadero
   ☑ **Falso**

   b. Una marca es un concepto que se conoce además como etiqueta.

   ☑ **Verdadero**
   ☐ Falso

2. **Una marca se delimita...**

   a. **... mediante corchetes angulares.**
   b. ... mediante el elemento raíz.
   c. ... mediante su etiqueta de cierre.
   d. Todas las opciones son incorrectas.

3. **¿A partir de qué lenguaje se origina el XML?**

   a. HTML
   b. XHTML
   c. **SGML**
   d. Todas las opciones son incorrectas.

4. **Realice una definición de XML.**

   XML es un lenguaje de marcas, y como sus siglas establecen extensible, del inglés *eX-tensible Markup Lenguage*. Por extensible se determina que es un lenguaje que una vez definido se pueden extender etiquetas nuevas a la hora de utilizarlo.

5. **Complete la siguiente oración:**

El uso común de **etiquetas** se establece con una etiqueta de apertura y otra de **cierre** que se distingue por poseer el carácter **barra "/"** antes de la palabra que da por nombre a la **etiqueta.**

6. **¿Por qué se dice que XML es un metalenguaje?**

    a. Porque deriva de SGML.
    b. Porque deriva de HTML.
    c. Porque es un lenguaje que puede definir lenguajes.
    d. Porque es un lenguaje que define marcas.

7. **¿Mediante qué componente se dispone la información en un documento XML?**

    a. Atributos
    b. Objetos
    c. Elementos
    d. Espacio de nombres

8. **Indique si las siguientes frases son verdaderas o falsas:**

    a. Pueden existir diferentes atributos en una etiqueta sin repetirse alguno de ellos en la misma etiqueta.

        ☑ **Verdadero**
        ☐ Falso

    b. Un atributo se compone de su nombre y del valor que posee.

        ☑ **Verdadero**
        ☐ Falso

9. Los elementos contenidos en un documento XML...

    a. ... no pueden estar anidados.

    b. ... pueden estar anidados entre sí, siempre y cuando la anidación sea correcta.

    c. ... pueden estar anidados entre sí, independientemente de la anidación.

    d. Todas las opciones son incorrectas.

10. ¿Qué es un espacio de nombres y cómo se utiliza?

Un espacio de nombres es un identificador que asegura que las etiquetas de los elementos contenidos en el fichero XML son únicas. Este identificador se define en la cabecera del documento XML y se utiliza anteponiéndolo al nombre de cada etiqueta.

11. ¿Cómo se llama el lenguaje de consulta para XML desarrollado por el W3C?

    a. Namespace

    b. SQL

    c. XQuery

    d. W3C Lenguague

12. ¿Cuál de las siguientes características no es una ventaja de XQuery?

    a. Similar a SQL.

    b. Suministra los mecanismos necesarios para acceder y manipular información en formato XML.

    c. Generar nuevos documentos XML a partir de los datos obtenidos en una consulta.

    d. Permite actualizar un documento XML.

13. Complete la siguiente oración:

Un **directorio** es una estructura que almacena información de manera **jerárquica** a modo de grupo de objetos o entradas junto con sus **propiedades**.

14. El ejemplo más claro que se puede encontrar de un directorio es:

   a. Un sistema gestor de bases de datos.
   b. Archivador de carpetas.
   c. Un listín telefónico.
   d. Todas las opciones son correctas.

15. Cada directorio se compone de diferentes entradas que son identificadas a través de un...

   a. ... atributo.
   b. ... nombre distinguido.
   c. ... nombre distinguido relativo.
   d. Todas las opciones son incorrectas.

SGBD e instalación

Solucionario Capítulo 1

1. **¿En qué fecha nacen los SGBD y con qué proyecto?**

   En la década de los 60 con las misiones Apolo de la NASA.

2. **Defina el término concurrencia asociado a los SGBD.**

   Acción que sucede cuando varios usuarios acceden a un mismo dato para modificarlo o borrarlo.

3. **Marque la respuesta correcta. ¿Quién creó el modelo relacional?**

   a. Edgar Codd.
   b. Charles Bachman.
   c. Eugene Wong.
   d. Todas las opciones son incorrectas.

4. **¿Cómo se denomina la función o característica de un SGBD que ante un cambio en el esquema conceptual de la base de datos no afecta a los usuarios que no hagan uso o no tengan autorización sobre la entidad o relación afectada?**

   Independencia lógica.

5. **Indique cuál de las siguientes funciones no corresponde a los SGBD.**

   a. Garantizar la concurrencia.
   b. Soportar transacciones.
   c. Proporcionar seguridad en la las conexiones de red de área local.
   d. Garantizar la independencia de los datos.

6. **¿Cuál de estos modelos de datos no están basados en registros?**

   a. Modelo jerárquico.
   b. Entidad-Relación.

c. Modelo en red.

d. Modelo de datos relacional.

7. En la arquitectura cliente-servidor de dos capas. ¿Qué responsabilidades tiene el cliente? ¿Y si se aumenta a tres capas?

Interfaz de usuario y procesamiento de datos. Al aumentar a tres capas el cliente solo gestiona la interfaz de usuario.

8. Complete los espacios libres de la siguiente oración.

La arquitectura de servidor de archivos se suele desarrollar en una red de **área local (LAN)**. En esta red hay un servidor de archivos central, y el resto de equipos tendría un **SGBD** completo instalado pero con los datos almacenados en el servidor de archivos.

9. ¿Cuántas capas propuso como modelo el comité ANSI-SPARC? ¿Cómo se llaman?

Propuso tres capas: el nivel físico o interno, el nivel conceptual y el nivel externo o de visión.

10. Indique los cuatro componentes de los sistemas gestores de base de datos distribuidos.

▌ SGBD distribuido o central.

▌ SGBD local.

▌ Catálogo central o global.

▌ Gestor de comunicaciones de datos.

11. ¿Cuáles son las diferentes cardinalidades que puede tener una relación en los modelos Entidad-Relación?

▌ Uno a uno.

▌ Uno a varios.

▌ Varios a uno.

▌ Varios a varios.

12. Relacione cada arquitectura o modelo de SGBD con la fecha de aparición:

    a. Modelo relacional.
    b. NoSQL.
    c. Modelo orientado a objetos.

    b. Década de los 90.
    a. Década de los 70.
    c. Década de los 80.

13. Indique las funciones del nivel físico o interno del modelo ANSI-SPARC.

    ▎ Ubicación de los diferentes registros, así como su descripción para el almacenamiento.
    ▎ Asignación del espacio para almacenar datos e índices.
    ▎ Compresión y cifrado de datos.

14. ¿Podría ejecutarse un SGBD multiproceso en una máquina monoprocesador? Justifique su respuesta.

Sí, sería posible, aunque el rendimiento se vería afectado, tendría mayores prestaciones si la máquina fuese multiprocesador.

15. De las siguientes afirmaciones, indique cuál es verdadera o falsa.

    a. Un usuario de un SGBD podrá percibir si la base de datos en la que tiene acceso es distribuida o centralizada, ya que las interfaces difieren.

        ☐ Verdadero
        ☑ **Falso**

    b. Existe algún SGBD que se puede comportar como un sistema monousuario en cuanto al número de usuarios que soporta.

        ☑ **Verdadero**
        ☐ Falso

c. Antes de la llegada de los SGBD se usaban los sistemas de almacenamiento de archivos.

☑ **Verdadero**
☐ Falso

Solucionario Capítulo 2

1. ¿Cómo se denomina la base de datos que contiene el diccionario de datos en MySQL? ¿Desde qué versión aparece?

INFORMATION_SCHEMA. Desde la versión 5.0.2.

2. ¿Qué tres campos tienen todas las tablas del diccionario de datos de MySQL?

Remarks, Standard name y Show name.

3. ¿Cuál de las siguientes funciones no forma parte del diccionario de datos?

    a. Guarda información sobre funciones y procedimientos.
    b. Almacena información sobre los usuarios, con sus permisos o privilegios.
    c. Estadísticas sobre los usuarios concurrentes.
    d. Espacio asignado a los diferentes objetos.

4. ¿Cómo se denomina la tabla del diccionario de datos de MySQL que muestra los permisos o privilegios que tienen los usuarios?

Tableprivileges.

5. Indique cuál de las siguientes columnas no corresponde a la tabla "schemata" del diccionario de MySQL.

    a. SCHEMA_NAME.
    b. CATALOG_NAME.
    c. INDEX_TYPE.
    d. SQL_PATH.

6. Existe una tabla del diccionario de datos de Oracle muy usada como comodín. Esta tabla peculiar tiene una sola columna, DUMMY, y un solo registro X, lo cual resulta útil para asignar valores a las variables en PLSQL. ¿De qué tabla se trata?

Dual.

7. ¿Por qué si se ejecuta la sentencia "SELECT COUNT(*) FROM SYS.ALL_TABLES" el resultado difiere entre el usuario administrador y un usuario no administrador?

Porque el resultado de la sentencia muestra el número de tablas sobre las que el usuario tiene acceso, y lógicamente no tienen acceso al mismo número de tablas el usuario administrador y otro usuario.

8. Complete los espacios libres de la siguiente oración.

La principal ventaja que tiene el comando SHOW frente al SELECT es la simplicidad e inmediatez que ofrece a la hora de conocer algunos de los metadatos más usados por los usuarios de MySQL.

9. ¿Qué diferencia existe entre los prefijos USER, ALL y DBA del diccionario de Oracle?

    a. USER: contiene la información relativa al propio esquema.
    b. ALL: todos los objetos a los que se tiene acceso, sean o no propiedad.
    c. DBA: mostraría todos los objetos.

10. ¿Dónde se almacena el diccionario de datos en Oracle?

En el "Shared Pool", en concreto se almacena en "Data dictionary cache" y "Library cache".

11. ¿En qué tres partes se estructura la arquitectura Oracle?

▌ Estructura de memoria.
▌ Estructura de proceso.
▌ Estructura de almacenamiento.

12. Relacione cada una de las siguientes tablas o vistas con el SGBD que la contiene en su diccionario de datos:

    a. Indexes.
    b. Key_column_usage.
    c. DBA_users.

    b. MySQL.
    a. c. Oracle.

13. ¿Por qué el valor de la columna EXTERNAL_LANGUAGE de la tabla "routines" del diccionario de MySQL es siempre NULL?

Porque si el valor de "mysql.proc.language" es 'SQL', será NULL, y en caso contrario se pondría el valor contenido en "msyql.proc.language", pero como MySQL aún no admite otros lenguajes que no sea 'SQL', siempre será NULL el valor de EXTERNAL_LANGUAGE.

14. ¿Cuál de los siguientes valores no puede asignarse a la columna PRIVILEGE_TYPE de la tabla "Tableprivileges" del diccionario de datos de MySQL?

    a. SELECT.
    b. PROCEDURE.
    c. UPDATE.
    d. INSERT

15. De las siguientes afirmaciones, indique cuál es verdadera o falsa.

    a. La tabla "routines" del diccionario de MySQL incluye las funciones definidas por el usuario, conocidas en MySQL con el acrónimo UDF (User Defined Functions).

        ☐ Verdadero
        ☑ **Falso**

    b. El diccionario de datos es un recurso muy necesario en los SGBD relacionales.

        ☑ **Verdadero**
        ☐ Falso

c. Las tablas y vistas del diccionario de datos de Oracle pertenecen al usuario SYS.

☑ **Verdadero**
☐ Falso

Solucionario Capítulo 3

1. ¿Qué es un conector dentro del contexto de MySQL?

Los conectores son bibliotecas implementadas con diferentes lenguajes de programación cuyo objetivo es permitir la conexión a un servidor MySQL.

2. ¿Cuál es la unidad mínima de almacenamiento dentro de un disco ASM de Oracle?

AU (Allocation Unit).

3. ¿Cuál de los siguientes componentes no forma parte del SGA?

    a. Large pool.
    b. Java pool.
    c. Shared pool.
    d. Stack space.

4. ¿Cómo podría ser más eficiente el optimizador de consultas de MySQL?

El optimizador es mucho más eficiente si la configuración de los permisos del usuario que realiza la consulta es simple, es decir, una configuración compleja de permisos lleva consigo una ralentización en el proceso de optimizar.

5. Indique cuál de los siguientes términos es un tipo de stripping (ASM Oracle).

    a. Mirroring.
    b. ASM cahé.
    c. Fine-grain.
    d. Shared pool.

6. **Existe una herramienta que proporciona el motor de almacenamiento de MySQL MyISAM, y cuya utilidad es de la chequear y reparar tablas, ¿cómo se llama esta herramienta?**

MyIsamchk.

7. **¿Qué es el doublewrite o escritura doble?**

Es una característica del motor de almacenamiento InnoDB de MySQL. Este sistema mejora la gestión de la escritura de datos en ficheros. Consiste en escribir todos los datos en un área contigua del espacio de tablas llamado búfer doublewrite, y cuando así lo determina descarga esa información en el fichero de datos adecuado. En caso de fallo o problema del sistema se podría encontrar una copia en perfecto estado en este búfer.

8. **Complete los espacios libres de la siguiente oración.**

El **mirroring** consiste en tener la información duplicada tantas veces como la situación y recursos lo requieran con el objetivo de ganar en disponibilidad antes fallos. **Stripping** es un método por el cual la información se segmenta y se distribuye por diferentes discos, ganando con ello en velocidad de acceso.

9. **DML se clasifica en dos grandes grupos. ¿Cómo se llaman?**

Los lenguajes procedimentales y los no procedimentales.

10. **¿Qué tamaño mínimo de SGA recomienda Oracle para ASM?**

256 Mb.

11. **¿Para qué sirve el Automatic Storage Management de Oracle?**

Gestiona de forma automática el almacenamiento. Este sistema permite gestionar la distribución de los datos, ya sea un solo disco o varios. También es capaz de gestionar las copias de seguridad de forma autónoma.

12. Relacione cada una de los siguientes instrucciones con el tipo de lenguaje:

a. DELETE FROM Tabla_sucursales;
b. ALTER TABLE Tabla_sucursales ADD COLUMN País VARCHAR(50) NULL;
c. DROP TABLE Tabla_sucursales;

a. DML.
b. c. DL.

13. ¿Qué tres tipos de ficheros almacena el motor de MySQL MyISAM?

Los ficheros se llaman igual que la tabla que se crea pero con extensión diferente:

■ Extensión .frm: almacena la definición.
■ Extensión .MYD: almacena el fichero de datos.
■ Extensión .MYI: almacena el fichero índice.

14. ¿Qué usuarios ASM se crean por defecto en la instalación Oracle?

SYSASM, SYSDBA y SYSOPER.

15. De las siguientes afirmaciones indique cuál es verdadera o falsa.

a. La instancia Oracle es el medio de acceso a una base de datos Oracle, y solo se le puede asignar una única base de datos.

☑ **Verdadero**
☐ Falso

b. BENCHMARK es una función útil para comprobar la eficiencia de las funciones de MySQL.

☑ **Verdadero**
☐ Falso

c. Los archivos de redo log de Oracle contienen información necesaria para mantener y verificar la integridad de la base de datos.

☐ Verdadero

☑ **Falso**

Solucionario Capítulo 4

1. **¿Para qué sirve el GRID de Oracle?**

La infraestructura GRID computing es capaz de balancear todo tipo de cargas de trabajo de un conjunto de equipos. Básicamente se comporta como los grandes mainframes, pero de manera mucho más económica, ya que el GRID o red puede formarse con equipos al alcance de cualquier usuario como serían procesadores Intel o sistemas operativos Linux.

2. **¿Qué comando se usa para definir la variable ORACLE_SID desde un terminal Linux?**

Oraenv.

3. **¿Cuál de los siguientes ítems no forma parte del GRID de Oracle?**

    a. ASM.
    b. Real application cluster.
    c. Enterprise manager GRID control.
    d. Data.

4. **¿Se podría afirmar que MySQL es *software* libre?**

No exactamente, tiene una licencia dual, es decir, se puede adquirir como *software* libre pero también tiene productos o versiones comerciales.

5. **Indique cuál de los siguientes términos no es una variable del entorno Oracle.**

    a. ORACLE_BASE.
    b. ORACLE_HOME.
    c. ORACLE_STRIPPING.
    d. ORACLE_SID

6. **¿Cuántos grupos de usuarios podrían ser necesarios para la instalación de Oracle? ¿Cómo se llaman?**

   Podrían ser necesarios cuatro grupos si la instalación no fuese STANDALONE, en cuyo caso sería suficiente con oinstall y dba. Serían oinstall, dba, asmadmin y oper.

7. **En la versión de Oracle, ¿qué significa 11gr2?**

   Se trata de la versión 11 del SGBD: la "g" proviene de GRID, así como la "r2" lo hace de release o versión 2.

8. **Complete los espacios libres de la siguiente oración.**

   Los juegos de caracteres determinan qué caracteres se pueden usar en los nombres, y por ejemplo, influyen en las cláusulas **GROUP BY** u **ORDER BY**.

9. **Al comienzo de la instalación de Oracle se solicita el email del administrador de base de datos, así como si se desea recibir las actualizaciones. ¿Es obligatorio para continuar con la instalación?**

   No es obligatorio, pero sí muy recomendable.

10. **¿Qué tamaño mínimo en disco se recomienda para instalar MySQL 8.4 en sistemas operativos Microsoft Windows?**

    200 Mb.

11. **¿Hay alguna herramienta de MySQL que guarde semejanza con el GRID de Oracle?**

    Sí. MySQL Enterprise, las versiones Monitor y Backup, y MySQL Cluster.

12. **Relacione cada una de las siguientes instrucciones con el tipo de lenguaje.**

    a. La vista v$asm_diskgroup.
    b. La herramienta Workbench.
    c. El parámetro NLS_LANG.

    a. c. SGBD Oracle.
    b. SGBD MySQL.

13. **¿Qué tres tipos de juego de caracteres hay en los SGBD Oracle y MySQL?**

    Single-byte, multibyte y unicode.

14. **Si se modifica el juego de caracteres en MySQL, ¿qué se debería ejecutar? ¿Con qué objetivo?**

    Si se modifica podría verse afectada la ordenación e índices de las diferentes tablas, con lo que sería necesario ejecutar mylamchk –r –q –set-character-set=charset.

15. **De las siguientes afirmaciones indique cuál es verdadera o falsa.**

    a. El tamaño de la empresa o institución, además del presupuesto económico, determinan e gran medida la elección del SGBD, siempre partiendo de unos requerimientos iniciales.

        ☑ **Verdadero**
        ☐ Falso

    b. Desde un sistema operativo Microsoft Windows con el cliente de MySQL instalado no será posible conectar a un servidor MySQL instalado en un sistema operativo Linux.

        ☐ Verdadero
        ☑ **Falso**

    c. MySQL utiliza por defecto el juego de caracteres ISO-8859-1.

        ☑ **Verdadero**
        ☐ Falso

Solucionario Capítulo 5

1. ¿Qué método y qué interfaz de JDBC se usa para consultas SQL que devuelven un único valor o elemento?

El método executeQuery() de la interfaz Statement.

2. ¿Es necesario configurar el tnsnames.ora para establecer una correcta conexión con un SGBD Oracle? Justifique la respuesta.

No. Esto sería posible con la instalación del *software* de install client de Oracle, y para establecer una conexión sería suficiente con instalar la aplicación de SQLPlus.

3. ¿Cuál de los siguientes parámetros no forma parte del tnsnames.ora?

    a. ADDRESS.
    b. HOST.
    c. TCP.
    d. SERVICE_NAME.

4. ¿Cuál son los puertos por defecto en MySQL y Oracle?

3306 y 1521, respectivamente.

5. Indique cuál de los siguientes métodos no pertenece a la interfaz Statement de JDBC.

    a. execute().
    b. executeUpdate().
    c. getConnection().
    d. executeQuery().

6. **Existe un método de acceso a los SGBD donde el SGBD y el cliente se encuentran en el mismo equipo, y además no es necesario prácticamente ningún tipo de configuración. ¿De qué medio se está hablando?**

   Memoria compartida.

7. **¿Para qué es usado el método execute() de JDBC?**

   Es usado para instrucciones SQL que devuelven varios elementos o varios ResultSet.

8. **Complete los espacios libres de la siguiente oración.**

   Para comprobar la correcta configuración del **tnsnames.ora** se puede ejecutar desde la consola, terminal o símbolo del sistema de Windows la siguiente instrucción: **tnsping** Nombre_Conexión.

9. **¿En qué ruta se ubica el tnsnames.ora en sistemas operativos Microsoft Windows?**

   ORACLE_HOME/product/11.2/client_1/NETWORK/ADMIN/tnsnames.ora.

10. **¿Dónde se decide si un cliente Oracle usará el tnsnames para la conexión?**

    En el archivo sqlnet.ora.

11. **¿Qué datos se necesitan si se va a realizar una conexión con un SGBD pasando antes por un servidor SSH?**

    Se necesitarían las credenciales del servidor SSH, así como su IP, además de las credenciales del SGBD, puerto y nombre de la base de datos.

12. **Relacione cada una de los siguientes lenguajes con la API adecuada para la interacción con las bases de datos.**

    a. C.
    b. JAVA.
    c. C++.

    b. JDBC.
    a. c. ODBC.

13. **¿Por qué puede ser útil el uso del método preparedStatement en lugar de Statement?**

La interfaz PreparedStatement es prácticamente igual que la interfaz Statement, salvo que con el uso de esta interfaz se puede precompilar una instrucción SQL, algo que puede ser útil en sentencias inserción o actualización, por ejemplo.

14. **¿Cuál de los siguientes protocolos no pertenece a TCP/IP?**

    a. ARP.
    b. SSH.
    c. ICMP.
    d. UDP.

15. **De las siguientes afirmaciones indique cuál es verdadera o falsa.**

    a. El modelo OSI y el modelo TCP/IP tienen las mismas capas.

        ☐ Verdadero
        ☑ **Falso**

    b. MySQL Workbench incluye directamente el método de conexión TCP/IP con SSH.

        ☑ **Verdadero**
        ☐ Falso

c. Además del driver adecuado, para la conexión con una base de datos desde una aplicación Java con el uso de JDBC es necesario la URL, y las credenciales de acceso.

☑ **Verdadero**

☐ Falso

Solucionario 6
Administración y monitorización de los SGBD

Solucionario Capítulo 1

1. **EL SGBD Oracle debe ser instalado en los sistemas Linux por el usuario...**

   a. ..."root".
   b. ... "system".
   c. ... "sys".
   d. ... "internal".

2. **Complete los espacios vacíos con las palabras adecuadas.**

   Una de las funciones administrativas a desarrollar en un SGBD es la de realizar el **diseño** de la base de datos a partir de las **especificaciones** y los requisitos del sistema. Para ello debe definirse el **esquema** de la base de datos y, posteriormente, mediante sentencias **DDL** o herramientas gráficas de gestión, crear las **estructuras** básicas que permitan almacenar y relacionar la información: tablas, restricciones de integridad y **vistas,** principalmente.

3. **¿Cuáles son las dos herramientas de comandos que suministran MySQL y Oracle respectivamente para analizar los planes de ejecución de las consultas?**

   EXPLAIN y EXPLAIN PLAN

4. **Explique brevemente el proceso normal de confirmación de los cambios realizados sobre los datos en el SGBD, mediante la orden COMMIT.**

   Una vez que los datos han sido modificados de manera satisfactoria, se debe realizar la confirmación mediante la orden COMMIT. Al ejecutarla, se guardan físicamente en disco los últimos cambios realizados en la base de datos, es decir, la información insertada, modificada o eliminada.

5. Uno de los principales archivos de configuración de la base de datos Oracle, donde se establecen los valores que han de tomar ciertos parámetros de la misma, para mejorar el rendimiento del sistema es:

    a. init.ora.
    b. spfile.ora.
    c. my.cnf.
    d. Las opciones a y b son correctas.

6. Complete la siguiente frase:

El puerto 1521, asociado por defecto al "Listener" tiene una especial importancia en **el acceso a la base de datos de modo que si dicho puerto está bloqueado, no se permite el acceso al SGBD Oracle desde conexiones "clientes".**

7. Rellene la siguiente estructura con términos relacionados con los sistemas de gestión de bases de datos. Ayuda: en las celdas de color superiores se debe escribir el término que define a las "aplicaciones de terceros que sirven para gestionar un SGBD de manera asistida y mediante una interfaz gráfica". Las celdas de color inferiores contienen la definición de "un conjunto de privilegios agrupados mediante un nombre".

					D				
					E				
T	O	A	D		L				
	R		B		E				
	A		A	L	T	E	R		
	C		E				E		
	L						V		
S	E	L	E	C	T		O		
Y							K		
S	C	H	E	D	U	L	E	R	
								O	
								L	

8. **Relacione las características de Oracle, con su versión correspondiente.**

    a. Desarrollada par ser usada en teléfonos móviles de última generación.
    b. Orientada a soportar grandes volúmenes de información, con tablas que pueden llegar a tener millones de filas, permitiendo un uso intensivo del sistema y miles de transacciones simultáneas.
    c. Incluye sencillas herramientas gráficas de gestión, para un uso personal orientado al aprendizaje o como almacén de datos de pequeños sitios webs.
    d. Versión desarrollada para las pequeñas y medianas empresas.

    c. Oracle Database Express Edition.
    a. Oracle Lite.
    b. Oracle Database Enterprise Edition.
    d. Oracle Database Standard Edition.

9. **Respecto al programa MySQL Workbench...**

Client Connections es una utilidad del menú Database que sirve para gestionar gráficamente los usuarios de la base de datos y sus privilegios asociados.

    ☐ Verdadero
    ☑ **Falso**

Options File es una magnífica utilidad del menú Options para llevar a cabo la exportación e importación de datos de la base de datos.

    ☐ Verdadero
    ☑ **Falso**

Server Status sirve para gestionar los ficheros de "logs" del servidor y se encuentra en el menú Server.

    ☐ Verdadero
    ☑ **Falso**

10. Incluya las siguientes órdenes SQL en su grupo correspondiente: GRANT, UPDATE, DROP, DELETE, CREATE, REVOKE, ALTER e INSERT.

Órdenes DDL	Órdenes DML	Órdenes DCL
CREATE	INSERT	GRANT
ALTER	UPDATE	REVOKE
DROP	DELETE	

11. ¿Qué hace la siguiente sentencia SQL?

```
GRANT create session TO maria;
```

    a. Da a María el privilegio de abrir y cerrar la base de datos.
    b. Da a María el privilegio de poder crear otros usuarios.
    c. Da a María el privilegio de poder crear un esquema en la base de datos.
    d. Da a María el privilegio de poder iniciar sesión en la base de datos.

12. Complete los espacios vacíos con las palabras adecuadas.

En los sistemas Linux, **"kill"** se usa para enviar **señales** a los procesos, entre ellas la señal de **"terminar"** y "nice" sirve para modificar la **prioridad** de los procesos de forma que puedan terminar antes. Si se conoce el nombre o el **PID** de un **proceso** del sistema, este puede ejecutarse con mayor prioridad o bien **detenerse** si está dando algún tipo de problema.

13. **Durante el ciclo de vida de un SGBD se realizan tareas relacionadas con la administración de las estructuras de almacenamiento como...**

Seleccionar el motor de almacenamiento más apropiado para el sistema y configurarlo en aquellos sistemas que ofrecen esta posibilidad.

☑ **Verdadero**
☐ Falso

Gestionar las peticiones de acceso y modificación concurrentes, es decir, simultáneas en la base de datos por parte de distintos usuarios y/o procesos.

☐ Verdadero
☑ **Falso**

Eliminar objetos como espacios de tablas, tablas, campos o columnas, vistas, etc.

☑ **Verdadero**
☐ Falso

14. **Si al realizar una consulta sobre dos tablas que tienen campos relacionados (comunes) no se realiza correctamente la igualdad entre ellos, ¿qué puede ocurrir?**

Se puede llegar al producto cartesiano de las tres tablas. Si esto sucede en tres tablas "pequeñas" con 100 filas cada una, el resultado es una consulta de 100 x 100 x 100 filas, es decir 1.000.000, lo cual puede ralentizar notablemente el sistema.

15. **Un programa que se ejecuta en consola o terminal y sirve para ejecutar órdenes SQL, PL/SQL y comandos internos de la aplicación para administrar el SGBD Oracle es:**

    a. *dBForge Studio*
    b. ***SQL*Plus***
    c. *MySQL*
    d. *SQL Server*

Solucionario Capítulo 2

1. **El lenguaje del sistema** *Microsoft SQL Server* **que permite la programación de proce-**
   dimientos almacenados y disparadores se denomina...

   a. ... PL/SQL.
   b. ... PL/pgSQL.
   c. ... Transact-SQL.
   d. ... MySQL Scripts.

2. **Complete los espacios vacíos con las palabras adecuadas.**

   Una excepción es un **error** que surge en la **ejecución** de un guion y que es reconocido en
   el sistema, lo que permite asignarle un conjunto de **instrucciones** que definan cómo se
   resuelve la situación. Existen distintas técnicas para gestionar las excepciones, basa-
   das en definir **variables** de tipo **excepción** y una zona del **guion** a partir de la cláusula
   EXCEPTION, donde se programan sus comportamientos.

3. **La documentación de un guion puede hacerse de manera sencilla y efectiva inser-**
   tando comentarios en el código del programa. ¿Qué caracteres se utilizan para esto?

   "/**" para abrir un comentario, "*" para cerrarlo y "--" para iniciar un comentario que
   llegue hasta el final de la línea.

4. **Explique brevemente qué es el "SQL dinámico".**

   Son un conjunto de técnicas avanzadas de programación que dan la posibilidad de
   superar las limitaciones de los lenguajes SQL y PL/SQL, a través de los subprogramas
   ofrecidos en la librería DBMS_SQL. Gracias al "SQL dinámico" se pueden construir sentencias SQL en tiempo de ejecución, implementar mecanismos eficaces de interacción
   con los usuarios y ejecutar órdenes de tipo DDL dentro de procedimientos almacenados.

5. El campo "clt_direccion" guarda la dirección de un cliente. En algunos casos no se tienen datos al respecto —el campo está vacío— y se desea utilizar una función que muestre por pantalla "S/D" cuando esto ocurra. ¿Qué solución es la correcta?

   a. **SELECT NVL (clt_direccion,'S/D') FROM clientes;**
   b. SELECT DECODE (clt_direccion, "NULL", "S/D") FROM clientes;
   c. SELECT REPLACE (clt_direccion, 'S/D', NULL, 1) FROM clientes;
   d. UPDATE clientes SET clt_direccion = 'S/D';

6. ¿Qué realiza el siguiente fragmento de código PL/SQL?

```
i:=1;
WHILE (i<100) LOOP
        UPDATE articulos SET art_unidades_vendidas=0 WHERE art_num=i;
        i:=i+1;
END LOOP;
```

   a. Actualiza la tabla "Artículos" dando al campo "art_num" el valor de i.
   b. Es un bucle de 1 a 100 que no hace nada, pues no se ha definido el cursor.
   c. **Actualiza a 0 el valor del campo "art_unidades_vendidas" de la tabla "Artículos" para las filas desde art_num=1 a art_num=100.**
   d. Dar un error de compilación, pues el código está mal escrito.

7. Complete la siguiente frase:

Se pueden recorrer los cursores explícitos mediante la estructura especial "Cursor FOR... LOOP". Esta estructura repetitiva sirve para **automatizar el tratamiento de estos cursores, evitando que se tengan que abrir, realizar las operaciones "FETCH" correspondientes y, por último, cerrar.**

8. Escriba el código que implemente el recorrido del cursor llamado "cur1" mediante una estructura repetitiva "WHILE" y muestre por pantalla los campos "nombre" y "edad" de su registro asociado "cur1_reg", separándolos por una coma.

```
WHILE cur1%FOUND LOOP
        FETCH cur1 INTO cur1_reg;
        DBMS_OUTPUT.PUT_LINE(cur1_reg.nombre||', '||cur1_reg.edad);
END LOOP;
```

9. Relacione ciertas características de los *triggers* o disparadores, con su concepto correspondiente.

    a. Es el suceso que provoca la ejecución automática del disparador y debe ser siempre una orden DML como...
    b. Hace referencia a si el *trigger* se ejecuta una sola vez al aplicar una orden DML sobre la tabla o tantas veces como filas tenga la tabla.
    c. El conjunto de instrucciones donde se programa la acción a realizar por el disparador comienza mediante la cláusula...
    d. Tipo de disparador por tiempo: hace referencia al momento en el que se ejecuta, antes o después de la orden asociada.

    <u>b.</u> "FOR EACH STATEMENT" o "FOR EACH ROW".
    <u>d.</u> "BEFORE" o "AFTER".
    <u>a.</u> "INSERT", "UPDATE" o "DELETE".
    <u>c.</u> "BEGIN".

10. El lenguaje de consulta estándar SQL presenta algunas restricciones y limitaciones como...

No existen funciones implementadas en el sistema, todas deben ser creadas por los programadores.

    ☐ Verdadero
    ☑ **Falso**

No pueden utilizarse variables en el código de las consultas.

☑ **Verdadero**
☐ Falso

Pueden utilizarse estructuras repetitivas, pero no condicionales.

☐ Verdadero
☑ **Falso**

11. **Relacione los siguientes conceptos respecto a los dos tipos de cursores que existen:**

   a. NO_DATA_FOUND
   b. FETCH ... INTO
   c. CURSOR nombre_cursor IS ...
   d. La consulta solo puede devolver un registro
   e. CLOSE nombre_cursor
   f. SELECT ... INTO

   a, d y f. Cursores Implícitos
   b, c y e. Cursores Explícitos

12. **Los disparadores o triggers se ejecutan automáticamente cuando sobre su tabla asociada se ejecuta una sentencia de tipo...**

   a. ... DDL.
   b. **... DML.**
   c. ... DCL.
   d. Todas las opciones son correctas.

13. **Complete los espacios vacíos con las palabras adecuadas.**

   Los guiones simples, también denominados **scripts**, son instrucciones guardadas en **archivos de texto plano** generalmente con la extensión ".SQL" y en los que se especifican las tareas que deben ejecutarse mediante órdenes **SQL** o **internas** del SGBD. Se utilizan, además, ampliamente para establecer determinadas **opciones y parámetros de configuración** del sistema.

14. Al crear un procedimiento almacenado se le puede dar un nombre, de manera que se convierte en un objeto listo para ser utilizado en cualquier momento, ya que se almacena en...

    a. ... el *tablespace* por defecto del usuario que lo crea.
    b. ... el cursor al que esté asociado dicho procedimiento.
    c. ... la memoria SGA.
    d. ... el catálogo o diccionario de datos del sistema.

15. ¿Qué hace la siguiente línea y dónde se suele utilizar?

```
SQL> @F:\Oracle\Server\admin\actualiza105.sql
```

Al pulsar la tecla Enter, el contenido del archivo "actualiza105.sql" es procesado y si no contiene errores se ejecuta. Se utiliza normalmente en el programa *SQL*Plus de Oracle*.

Solucionario Capítulo 3

1. En el sistema *Oracle* la memoria se divide principalmente en dos zonas, ¿cuáles son? Descríbalas brevemente.

Oracle dispone principalmente de una zona llamada área global del sistema o SGA y el área global de programa, también denominada PGA. En la SGA, Oracle almacena información sobre el estado del sistema y los datos leídos por las consultas, motivo por el cual es compartida por procesos y usuarios. La PGA es la memoria no compartida de los distintos procesos del sistema.

2. En relación a los *trace files* o ficheros de traza:

Contienen definiciones de parámetros que optimizan el funcionamiento de los procesos de segundo plano.

☐ Verdadero
☑ **Falso**

Son archivos generados por los procesos de segundo plano que sustentan el motor de la base de datos para su correcto funcionamiento.

☑ **Verdadero**
☐ Falso

En *MySQL* estos archivos suelen estar guardados en el directorio especificado mediante el parámetro BACKGROUND_DUMP_DEST.

☐ Verdadero
☑ **Falso**

3. ¿Para qué sirve la siguiente consulta SQL?

SQL> SELECT SUM(BYTES)/1024/1024 "MB" FROM DBA_EXTENTS;

Esta consulta usa la vista DBA_EXTENTS para saber cuánto ocupan todos los objetos almacenados en la base de datos, sumando el campo "BYTES", que guarda el tamaño de cada extensión.

4. Complete los espacios vacíos con las palabras adecuadas.

Los SGBD mantienen **vistas** que ofrecen información **administrativa** sobre el funcionamiento del **servidor** y la estructura física y **lógica** de la base de datos. Se implementa mediante un conjunto de vistas integradas en lo que normalmente se denomina "diccionario de **datos**", "**catálogo**" o "**repositorio**" del sistema".

5. Una tabla está en 1FN si...

    a. **... no posee grupos repetidos de datos.**
    b. ... además también está en 2FN.
    c. ... sus valores no son atómicos.
    d. Las opciones a y b son correctas.

6. Explique brevemente qué significa la siguiente definición de parámetro en el sistema *MySQL:* "query_cache_size = 256M".

Esta definición sirve para establecer una zona de memoria de 256 MBytes, donde se almacenan temporalmente los datos recuperados de las consultas.

7. Relacione los ficheros más importantes del sistema MySQL para obtener información que ayudan a optimizar la base de datos o a encontrar determinados errores:

    a. El registro binario.
    b. El registro de consultas.
    c. El registro de consultas lentas.
    d. El registro de errores.

    b. Almacena las órdenes SQL ejecutadas por los clientes.
    d. Informa sobre el inicio y la parada del servidor MySQL y sobre los errores más importantes en caso de producirse.
    a. Guarda todas las órdenes de actualización de datos.
    c. Recopila todas las órdenes que han tardado más "segundos" que el valor almacenado en el parámetro "long_query_time" o bien no han usado índices.

8. Marque de las siguientes características, aquella que no es imprescindible que tenga un servidor de base de datos.

    a. Procesadores de 64 bits.
    b. Usar medios de almacenamiento basados en discos SSD o SATA.
    c. Un mínimo de 8 a 16 GBytes de memoria RAM.
    d. Tarjeta de vídeo 3D de máximo rendimiento.

9. Respecto a los tipos de servidores, complete los espacios vacíos con las palabras adecuadas.

Suelen emplearse servidores de tipo *cluster* en aquellas bases de datos de **gran tamaño** que necesitan ofrecer un acceso **rápido** y **seguro** y donde es importante evitar **pérdidas** de información. Existe también el concepto de servidores "**dedicados**" en los que sus recursos no son compartidos, son **exclusivos** de una empresa u organización.

10. En el sistema *MySQL* se recomienda ampliar la caché de consultas para obtener un mejor rendimiento. Si se desea dar a esta zona de memoria un tamaño de 256 MBytes, la orden necesaria para hacerlo es:

    a. SET GLOBAL sort_buffer_size = 268435456;
    b. SET GLOBAL query_cache_size = 268435456;
    c. SET GLOBAL buffer_cache_size = 268435456;
    d. SET GLOBAL buffer_query_size = 268435456;

11. ¿De qué manera pueden incluirse comentarios en los ficheros de parámetros del SGBD *MySQL?*

Precediendo las líneas mediante los caracteres "#" o ";"

12. Un tipo de archivo de texto plano en el que se describen los sucesos que acontecen en el sistema, se denomina generalmente...

    a. ... fichero de "log".
    b. ... fichero de "traza".
    c. ... fichero de "parámetros".
    d. Las opciones a y b son correctas.

13. ¿Qué realiza la siguiente consulta SQL?

```
SQL> SELECT tablespace_name,
ROUND((SUM(bytes)/1024/1024),2) "Usado MB",
ROUND(SUM(maxbytes)/1024/1024,2) "Total MB"
FROM dba_data_files GROUP BY tablespace_name ORDER BY 1;
```

La consulta utiliza la vista "dba_data_files" para conocer la cantidad de espacio usado en MBytes por cada uno de los tablespaces del sistema.

14. La técnica usada frecuentemente en servidores para guardar eficazmente la información que se basa en usar varios discos duros, aumentando así el almacenamiento, la rapidez y fiabilidad se denomina...

    a. ... SSD.
    b. ... RAID.
    c. ... *cluster.*
    d. ... *tablespace.*

15. Relacione los siguientes conceptos respecto a los dos tipos de motores de almacenamiento que existen en el sistema MySQL: InnoDB y MyISAM.

    a. Rápido y eficiente para bases de datos pequeñas o medianas
    b. Soporta transacciones
    c. Usa un archivo "MYD" para guardar los datos y otro "MYI" para los índices
    d. Bloqueos a nivel de tabla
    e. Robusto y eficiente en sistemas grandes
    f. No soporta transacciones
    g. Usa un archivo de datos por cada tabla y uno o varios de "log" de rehacer
    h. Bloqueos a nivel de fila

b, d, e y g. InnoDB
a, c, f y h. MyISAM

Solucionario Capítulo 4

1. **Complete los espacios vacíos con las palabras adecuadas.**

   Un fragmento es técnicamente cualquier **subdivisión** de una tabla o **relación** original en un conjunto de **tablas** que posean un número **menor** de **filas** o de columnas. La fragmentación puede ser **horizontal** —separación o división de **filas**— o **vertical** —separación o división de **campos** o **columnas**—, lo que se corresponde con las operaciones relacionales de **restricción** y **proyección**, respectivamente.

2. **Para realizar con éxito el proceso de fragmentación es necesario conocer principalmente...**

   a. ... cómo van a ser las operaciones de acceso a los datos.
   b. ... qué usuarios las van a realizar y desde qué lugar.
   c. ... los tipos de datos y restricciones de los campos.
   d. Las opciones a y b son correctas.

3. **¿Qué productos comerciales concretos, que sirven para implementar bases de datos distribuidas, destacan?**

   INGRES/STAR desarrollado por Relational Technology, Inc., SQL*STAR de Oracle y DB2 versión 2 Edición 2, de IBM.

4. **Respecto a los SGBDD, existe un conjunto de normas y condiciones que marcan el desarrollo y uso de los mismos y se denominan...**

   a. ... reglas de fragmentación, asignación y replicación.
   b. ... reglas ISO de distribución.
   c. ... reglas ANSI/SPARC.
   d. ... reglas DATE.

5. **¿Cuáles son las principales ventajas de realizar réplicas o copias de determinados fragmentos en el SGBDD?**

Las réplicas dan mayor nivel de "confiabilidad" al minimizar las probabilidades de perder datos. Hacen al sistema más "disponible", pues se gana en seguridad respecto a fallos y caídas de cualquier sitio local. También mejoran el procesamiento de las consultas al hacer posible la descomposición de estas en subconsultas y la ejecución en paralelo de las mismas.

6. **En relación a las condiciones que debe cumplir el diseño de la fragmentación del esquema original de una base de datos distribuida:**

La condición de completitud significa que cada nueva tabla contiene todos los datos originales y esta replicación favorece el rendimiento del sistema.

    ☐ Verdadero
    ☑ **Falso**

La condición de fragmentación disjunta significa que un dato que aparece en una tabla T1 no debe aparecer también en otra tabla distinta T2, salvo que sea necesario para relacionar o reconstruir la información original.

    ☑ **Verdadero**
    ☐ Falso

La condición de reconstrucción significa que los fragmentos de la base de datos distribuida pueden siempre obtenerse del esquema original, mediante operaciones SQL que incluyan el operador "o" ("OR").

    ☐ Verdadero
    ☑ **Falso**

7. **Respecto a los sistemas de gestión de bases de datos distribuidas, clasifique las siguientes características respecto a si son una ventaja o una desventaja o dificultad.**

    ▌ El personal técnico cualificado con altos conocimientos y experiencia necesarios.
    ▌ Pueden reflejar las estructuras organizativas de las empresas y entidades.
    ▌ El diseño y su implementación.

I Las reglas de autonomía local en cada una de las bases de datos que la integran.
I Sus costes económicos.
I Las peticiones y procesos pueden resolverse a nivel local accediendo, además, a un conjunto de datos menor.

Ventajas	Desventajas / Dificultad
Pueden reflejar las estructuras organizativas de las empresas y entidades.	El personal técnico cualificado con altos conocimientos y experiencia necesarios.
Las reglas de autonomía local en cada una de las bases de datos que la integran.	El diseño y su implementación.
Las peticiones y procesos pueden resolverse a nivel local accediendo, además, a un conjunto de datos menor.	Sus costes económicos.

8. **Complete la frase: "La principal desventaja de la fragmentación se da en...**

...determinadas operaciones de consulta que soliciten datos de distintos sitios, lo cual conducirá lógicamente a lecturas más lentas.

9. **En la arquitectura web de tres o más capas, la interfaz de navegación de los usuarios se define en...**

a. ... la capa frontal o *Front End.*
b. ... la capa trasera o *Back End.*
c. ... la capa de comunicación con el servidor.
d. ... la capa del interfaz del servidor de datos.

10. ¿Qué hace y qué sentido tiene la siguiente consulta SQL sobre una BDD?

```
SELECT codPersona, sexo, raza, religion, edad, salario
FROM observatorio_africa WHERE edad>=40 AND sexo="F"
UNION
SELECT codPersona, sexo, raza, religion, edad, salario
FROM observatorio_america WHERE edad>=40 AND sexo="F"
UNION
SELECT codPersona, sexo, raza, religion, edad, salario
FROM observatorio_asia WHERE edad>=40 AND sexo="F";
```

Es una consulta SQL que selecciona los campos "CodPersona", "sexo", "raza", "religión", "edad" y "salario" sobre las tablas "observatorio_africa", "observatorio_america" y "observatorio_asia", devolviendo la unión de todas las filas presentes en las tres tablas, donde la edad de la persona es igual o mayor que 40 y el sexo es "mujer" (sexo="F"). Su sentido es el de obtener estos datos a partir de una BDD distribuida, en la que la información se ha fragmentado en distintas tablas ubicadas en diferentes nodos o sitios físicos.

11. ¿Qué regla general se recomienda seguir respecto a la réplica de la información en el SGBDD?

    a. Que todos y cada uno de los fragmentos sean replicados paragarantizar así la estabilidad del sistema.

    b. Que sea soportada de manera independiente y, por tanto, transparente a los usuarios.

    c. Que los usuarios conozcan su ubicación para poder así realizar las consultas y modificaciones.

    d. Todas las opciones son correctas.

12. Complete los espacios vacíos con las palabras adecuadas.

Tras la etapa donde se define la fragmentación del **esquema** inicial, se realiza la **asignación** de los fragmentos a los diferentes sitios **físicos** del SBDD. Esta etapa tiene como principal objetivo fijar el **óptimo** uso de la base de datos, **minimizando** de manera combinada las **comunicaciones** entre los usuarios y el sistema, el almacenamiento y los procesos de **lecturas** y **modificaciones**.

13. Un SGBDD fuertemente heterogéneo es aquel que...

    a. ... poseen redes distintas de comunicación.
    b. ... se implementan a partir de distintos SGBD.
    c. ... sus distintos manejadores, utilizan diferentes tipos o modelos de datos.
    d. Todas las opciones son correctas.

14. Complete el siguiente párrafo:

Tras la etapa donde se define la fragmentación del esquema inicial, se realiza la asignación de los fragmentos a los diferentes sitios físicos del SBDD. Esta etapa tiene como principal objetivo **fijar el óptimo uso de la base de datos, minimizando de manera combinada las comunicaciones entre los usuarios y el sistema, el almacenamiento y los procesos de lecturas y modificaciones.**

15. Sobre el tipo de distribución completamente replicada:

En cada sitio o nodo existe una copia completa de la base de datos.

    ☑ **Verdadero**
    ☐ Falso

La sobrecarga en el tiempo empleado por los procesos de actualización y copias de seguridad es mínima o inexistente.

    ☐ Verdadero
    ☑ **Falso**

Puede llegar a tener un exagerado costo de almacenamiento.

    ☑ **Verdadero**
    ☐ Falso

Bases de datos relacionales y modelado de datos

Solucionario Capítulo 1

1. ¿Qué se considera una base de datos relacionales?

Una base de datos relacionales es aquella que representa los datos y las relaciones entre los datos mediante una colección de tablas, cada una con un nombre único, donde una fila de una tabla representa una relación entre un conjunto de valores.

2. De las siguientes afirmaciones, indique cuál es verdadera o falsa.

a. El lenguaje de definición de datos tiene como siglas DDL.

☐ Verdadero
☑ **Falso**

b. El lenguaje de manipulación de datos tiene como siglas DDL.

☐ Verdadero
☑ **Falso**

3. Indique las principales operaciones para el lenguaje de manipulación de datos:

a. MODIFICACIÓN DE TABLAS.
b. **ELIMINACIÓN DE DATOS.**
c. **INSERCIÓN DE DATOS.**
d. VISUALIZACIÓN DE TABLAS.
e. **CONSULTAR DATOS.**

4. Marque la respuesta correcta. El nivel de abstracción más bajo es:

a. Nivel lógico
b. **Nivel físico**
c. Nivel de visión
d. Todas las opciones son incorrectas.

5. ¿Cuáles son los distintos niveles de abstracción?

> Nivel de visión (nivel más alto)

> Nivel lógico (nivel intermedio)

> Nivel físico (nivel más bajo)

6. Indique cuál de las siguientes definiciones atiende al significado de "entidad":

    a. Característica del modelo en red.
    b. Relación entre distintos objetos.
    c. Objeto real sobre el cual se quiere almacenar información.

7. ¿Cuál es la forma de acceder a los datos dentro de un modelo orientado a objetos?

    a. A través de llamadas.
    b. Mediante métodos.
    c. No es posible el acceso.

8. Esboce el modelo jerárquico de los siguientes datos:

    a. Juan es del bachiller de ciencias naturales y tiene Matemáticas y Biología.
    b. María es del bachiller de ciencias sociales y tiene Lengua e Historia.
    c. Sofía es del bachiller tecnológico y tiene Informática y Matemáticas.

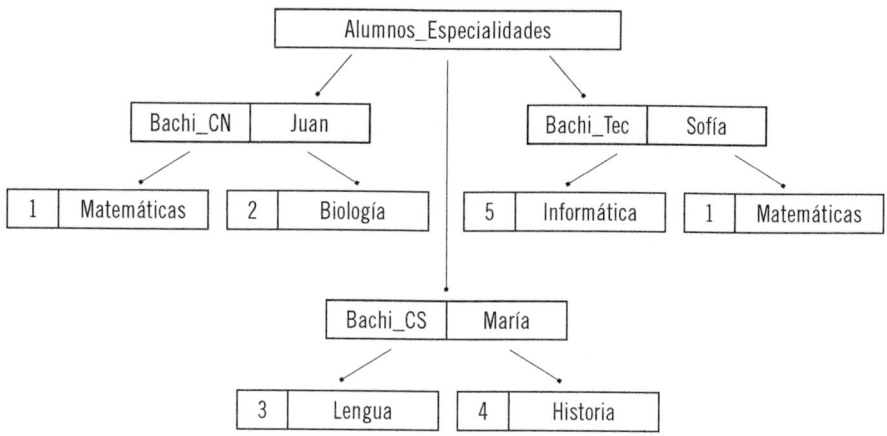

9. **Complete el siguiente texto.**

El modelo relacional está formado por **tablas** donde se representan los **datos** y las **relaciones**.

10. **¿Qué definición es la de una clave primaria o principal?**

   a. **Campo de la tabla que realiza la función de identificador, el cual debe ser único para cada registro.**
   b. Hace referencia a los campos que se añaden a una tabla para que quede constancia de su relación con otra.

11. **Indique los tipos de organización más destacados en el nivel físico.**

Árboles B, árboles B+, tablas Hash y montículo.

12. **Observando la siguiente imagen, indique a qué nivel pertenece y qué estructura representa.**

Ejemplo de proceso de una Tabla Hash y las distintas partes

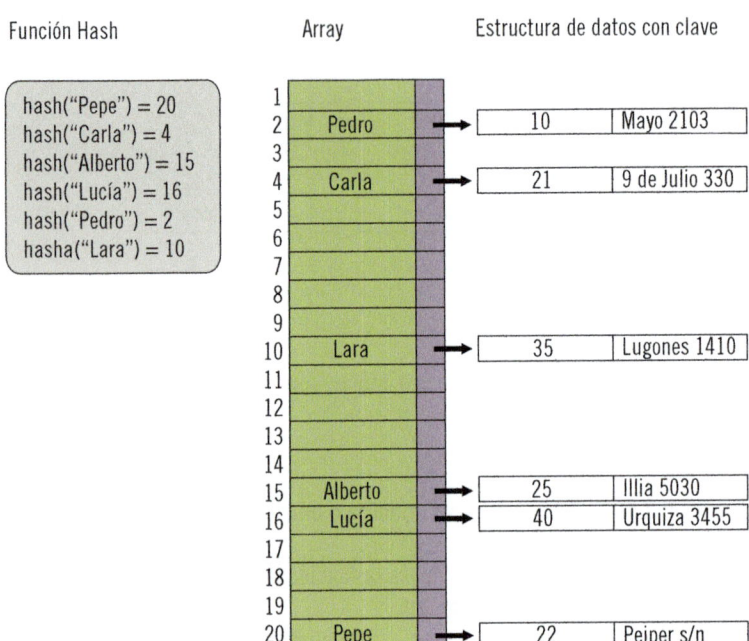

Pertenece al nivel físico y es una tabla Hash, es una estructura a la cual se puede acceder de forma directa a los elementos que almacena mediante una clave generada como un resumen o función (hash) de parte de los propios datos.

13. **¿Por qué se caracterizan los árboles B+?**

    a. Cuentan con muchos nodos.

    b. No tienen nodos, solo una tabla de índices.

    c. Cuentan con nodos hoja y nodos índice.

14. **Indique cuáles de las siguientes pertenecen a las reglas de Edgar Codd:**

    a. **Regla de acceso garantizado.**
    b. Inserción y modificación.
    c. Independencia de niveles.
    d. Independencia de distribución.

15. **Complete la siguiente frase.**

Cuando **Edgar Codd** habla sobre la independencia **lógica** de los datos se refiere a los **programas** y actividades terminales, los cuales no deben verse **alterados** ante ningún cambio que se realice en las **tablas.**

Solucionario Capítulo 2

1. ¿Qué se considera una relación en el modelo relacional?

La relación es el elemento básico del modelo relacional que se puede representar como una tabla formada por filas y columnas. En ella se distingue su nombre, un conjunto de columnas denominadas "atributos" (propiedades de la tabla identificadas por nombre) y un conjunto de filas llamadas "tuplas", las cuales contienen los valores de cada atributo.

2. Señale si las siguientes afirmaciones son verdaderas o falsas.

    a. Una fila se considera una tupla.

        ☑ **Verdadero**
        ☐ Falso

    b. Una columna se considera un atributo.

        ☐ Verdadero
        ☑ **Falso**

3. Indique los principales tipos de cardinalidad:

    a. Relación 1-1.
    b. Relación 0-0.
    c. Relación R-r.
    d. Relación 1-N.
    e. Relación N-M.

4. Marque la respuesta correcta. La clave que se compone de uno de los atributos que forman la superclave se denomina...

    a. ... clave primaria.
    b. ... clave alternativa.
    c. ... clave candidata.
    d. ... clave foránea.

5. **¿Qué es el álgebra relacional?**

El álgebra relacional es un lenguaje que tiene operandos y operadores. Los operandos representan las relaciones y con los operadores se podrán realizar procesos para manipular y operar con las relaciones en una base de datos. Las operaciones del álgebra relacional obtienen como resultado una nueva relación, sin cambiar las relaciones originales.

6. **Indique cuál de las siguientes definiciones atiende al significado de operaciones derivadas:**

   a. Se parecen a la teoría de conjuntos.
   b. **Se definen utilizando operaciones básicas.**
   c. Operaciones a partir de las cuales se puede definir el resto.

7. **Señale las operaciones fundamentales del álgebra relacional:**

   a. **Selección.**
   b. Acción.
   c. Resta.
   d. **Unión.**
   e. **Diferencia de conjuntos.**
   f. Asunción.
   g. **Renombrar.**

8. **Marque cuál es la letra griega que representa la operación de Selección:**

   a. Pi.
   b. **Sigma.**
   c. Alfa.

9. **Complete el siguiente texto.**

La **normalización** permite dar una medida formal indicando por qué el diseño de una **tabla** es mejor que otro. Existen **5** formas normales.

10. Marque que definición de una dependencia funcional:

    a. **Indica la restricción entre dos conjuntos de atributos de una base de datos.**

    b. Diseño de esquemas de base de datos.

11. ¿Cuándo está en 2ª FN una tabla?

Una relación está en segunda forma normal si está en primera forma normal y todos sus atributos no primos dependen de la clave primaria completa.

12. ¿Por qué se caracteriza el teorema de Fagin para la 4ª FN?

    a. Redundancia evitable.

    b. **Concepto de dependencia multivaluada.**

    c. Clave primaria única.

13. Señale si las siguientes afirmaciones son verdaderas o falsas.

    a. ¿Un modelo de datos desnormalizado es igual a un modelo no normalizado?

        ☑ **Falso**
        ☐ Verdadero

    b. ¿El rendimiento de una base de datos tras la normalización si es buena se debe normalizar?

        ☑ **Falso**
        ☐ Verdadero

14. ¿Qué significa "redundancia"?

    a. Evitar que si se elimina o inserta un solo elemento haya que eliminar o insertar varias tuplas.

    b. **Aquellos datos que se repiten continuamente por las tablas de las bases de datos.**

    c. Se define así a aquellos datos que no clarifican al registro que representan.

15. Complete la siguiente frase.

La necesidad de normalizar aparece ante un conjunto de **problemas** y anomalías que pueden venir de un diseño **erróneo**. El proceso de normalización consiste en **analizar** y **descomponer** las relaciones que forman la base de datos.

Solucionario Capítulo 3

1. ¿Cómo definiría el modelo de entidad-relación?

El modelo de entidad–relación (E-R) es un modelo de datos conceptual, por lo tanto, se encuentra en el nivel de diseño conceptual, que se utiliza para el diseño de la base de datos. Para ello se realiza una descripción de los requerimientos marcando así las restricciones y relaciones de la base de datos.

2. Señale si las siguientes afirmaciones son verdaderas o falsas.

    a. Un atributo es una información acerca de la relación.

        ☐ Verdadero
        ☑ **Falso**

    b. Una entidad se representa con un rectángulo.

        ☑ **Verdadero**
        ☐ Falso

3. Señale los principales tipos de relaciones entre entidades.

    a. **Relación recursiva.**
    b. Relación polar.
    c. Relación entidad.
    d. **Relación binaria.**
    e. **Relación ternaria.**

4. Marque la respuesta correcta. Una entidad que contiene una clave primaria se considera una entidad...

    a. ... principal.
    b. ... débil.
    c. **... fuerte.**
    d. ... recursiva.

5. ¿Cómo definiría una entidad débil?

Es aquella entidad que no cuenta con clave primaria, por lo tanto, va a depender de otra entidad para su identificación unívoca. Se representa con un rectángulo enmarcado en otro.

6. Indique cuál de las siguientes definiciones atiende al significado de las siglas N:M en la cardinalidad:

    a. Uno a muchos.
    b. Muchos a muchos.
    c. Muchos a uno.

7. Señale cuáles son los tipos de atributos existentes:

    a. Descriptivo.
    b. Individual.
    c. Global.
    d. Multivaluado.
    e. Monovaluado.
    f. Binario.
    g. Discriminante.

8. Marque cómo se denota una especialización o generalización:

    a. Círculo.
    b. Triángulo.
    c. Cuadrado.

9. Complete el siguiente texto.

Una especialización presentará **exclusividad** si un mismo ejemplar de la superclase pertenece a una **subclase**.

10. ¿Cómo terminaría la siguiente oración: "En la especialización se crearán tantas tablas..."?

    a. **... como entidades del nivel que sea en el paso a tablas.**
    b. ... como entidades de nivel alto.
    c. ... como atributos existan.

11. ¿Cómo puede definirse una agregación?

La agregación es utilizada en caso de que existan relaciones entre entidades que constituyan en sí un conjunto de entidades, estas tienen sus propios atributos y se relacionan con otro conjunto de entidades.

12. ¿Cómo se representa una agregación?

    a. Mediante un triángulo en los atributos.
    b. **Un cuadrado a la relación.**
    c. Un círculo a la entidad.

13. Se crea tabla en el paso a tabla de una cardinalidad 1:N o N:1.

    a. **Falso, porque cuando hay una relación de 1:N no se crea una tabla con la relación, si no la entidad de 1 recibe la clave de la entidad N.**
    b. Verdadero, porque se crea una tabla con la relación que contendrá las dos claves de las tablas relacionadas.

14. El paso a tabla de una cardinalidad N: M...

    a. **... creará una nueva tabla.**
    b. ... no creará ninguna tabla.
    c. ... hará que las tablas hereden sus atributos.

15. Complete el siguiente texto.

Una base de datos que se modela mediante un diagrama E-R puede representarse mediante un conjunto de **tablas.** Normalmente, una tabla suele existir para cada **conjunto de entidades** y **conjunto de relaciones,** cuya tabla lleva el mismo **nombre** del conjunto de entidades o conjunto de relaciones.

Solucionario Capítulo 4

1. ¿Cómo definiría el lenguaje de modelo unificado (UML)?

El lenguaje de modelo unificado (UML) es una herramienta gráfica utilizada para modelar varios componentes de un sistema *software*. Este lenguaje ha dado lugar a una única notación para la representación del diseño orientado a objetos. UML puede utilizarse para visualizar, especificar, construir y documentar un sistema.

2. Señale si las siguientes afirmaciones son verdaderas o falsas.

  a. Los elementos del lenguaje UML se definirán como ciudadanos de clase baja.

     ☐ Verdadero
     ☑ **Falso**

  b. Una relación hará la conexión entre los distintos elementos UML.

     ☑ **Verdadero**
     ☐ Falso

3. Indique para qué se usa principalmente el lenguaje UML.

  a. Documentar.
  b. Eliminar.
  c. Insertar.
  d. Construir.
  e. Visualizar.

4. Marque la respuesta correcta. Los diagramas agruparán las colecciones de...

  a. ... objetos.
  b. ... casos.
  c. ... elementos.
  d. ... pautas.

5. ¿Cómo definiría usted un diagrama de casos de uso?

Como aquellos diagramas que se caracterizan por reflejar la funcionabilidad del sistema respecto a los usuarios.

6. Indique cuáles de los siguientes elementos son elementos estructurales:

    a. **Actores y casos de uso.**
    b. Paquetes.
    c. Mensajes.

7. Indique cuáles son los diagramas para diseñar la estructura del sistema:

    a. **Diagrama de clases.**
    b. Diagrama de colaboración.
    c. Diagrama de estados.
    d. **Diagrama de objetos.**
    e. **Diagrama de componentes.**
    f. Diagrama de actividades.
    g. **Diagrama de despliegue.**

8. Marque cómo se denota una clase:

    a. Círculo.
    b. **Rectángulo dividido en tres partes.**
    c. Cuadrado dividido en dos partes.

9. Complete el siguiente texto.

Se define **dependencia** o **instancia** a una clase que es dependiente de otra. Si se ubica en el diagrama E-R podría definirse como una entidad **débil**. Se denotará como una flecha punteada y con líneas **discontinuas**.

10. Los atributos que al igual en E-R, serán las características de una entidad, aquí de una clase...

    a. ... **podrán clasificarse en tres tipos, teniendo en cuenta el grado de comunicación y visibilidad.**

    b. ... podrán clasificarse en dos tipos, teniendo en cuenta la visibilidad.

    c. ... podrán clasificarse en cinco tipos, teniendo en cuenta el grado de comunicación.

11. ¿Cómo puede definirse un método en un diagrama de clases?

Mediante los métodos se refleja la manera de relacionarse con el entorno. Podrán clasificarse en tres tipos, teniendo en cuenta el grado de comunicación y visibilidad.

12. ¿Cómo se representa que un método es privado?

    a. (+ 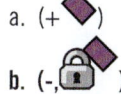)

    b. (-, )

    c. (#,)

13. ¿Cómo se representa una asociación?

    a. **Mediante una flecha discontinua.**

    b. Mediante una flecha con un rombo.

    c. Mediante una línea.

14. Una agregación por valor, también denominada "composición" se representa por este símbolo:

    a. Mediante una flecha discontinua.

    b. **Mediante una flecha con un rombo.**

    c. Mediante una línea.

15. Complete la siguiente frase.

Los diagramas de clases son representados en casos especiales por diagramas de **objetos.** Un ejemplo de ello podría ser una situación específica de una clase que se dé en un momento **particular.** Su notación es muy similar a la de los diagramas de clase, utilizando elementos de él, pero con la peculiaridad de que reflejan **multiplicidad** y **roles.**

Solucionario Capítulo 5

1. **¿Cómo definiría una base de datos distribuida?**

   Es una base de datos distribuida como un conjunto de bases de datos interconectadas entre sí.

2. **Señale si las siguientes afirmaciones son verdaderas o falsas.**

   a. Una de las principales ventajas de un sistema de base de datos distribuida es la facilidad montaje.

   ☐ Verdadero
   ☑ **Falso**

   b. Un buen rendimiento es una ventaja que proporciona la base de datos distribuida.

   ☑ **Verdadero**
   ☐ Falso

3. **Señale las principales desventajas de un sistema de base de datos distribuido:**

   a. **Coste mayor.**
   b. Menor facilidad de acceso a los datos.
   c. Sobrecarga de datos.
   d. **Mayor probabilidad de errores.**
   e. **Sobrecarga del procesamiento.**

4. **Al contrario que una base de datos centralizada, una base de datos distribuida comparte...**

   a. ... lugares.
   b. ... casos.
   c. ... datos.
   d. ... *software.*

5. ¿Cómo definiría usted la fragmentación en una base de datos distribuida?

La división en fragmentos o distintas partes almacenadas en sitios diferentes.

6. Una fragmentación horizontal se utiliza normalmente para mantener sus...

    a. ... tuplas.
    b. ... filas.
    c. ... casillas.

7. Señale los tipos de fragmentación:

    a. Fragmentación horizontal.
    b. Fragmentación paralela.
    c. Fragmentación recta.
    d. Fragmentación vertical.
    e. Fragmentación mixta.
    f. Fragmentación única.

8. Marque a qué tipo pertenece la fragmentación semántica:

    a. Horizontal.
    b. Mixta.
    c. Vertical.

9. Complete el siguiente texto.

Cuando se habla de autonomía **local,** es necesario que todos los **nodos** tengan cierta autonomía para evitar que **dependan** completamente de otros elementos de **red.** Todo esto hace que se controle de una manera más fácil la seguridad e integración.

10. La reconstrucción lo que hace es asegurar que todas las restricciones definidas sobre los datos como _____ se mantengan correctamente.

    a. dependencias
    b. objetos
    c. atributos

11. ¿Cómo puede definirse la regla de independencia de réplica?

Un sistema manejará réplicas si se necesita representar en distintos lugares copias de los datos. Se utiliza la réplica principalmente para ayudar a que se realice un mejor desempeño y, además, da lugar a una mejor disponibilidad. Pero el problema surge cuando se actualiza, ya que es mucho más compleja, puesto que se encuentra el mismo dato en muchos lugares distintos. La réplica debe ofrecer una independencia de réplica, donde los usuarios puedan utilizar solo la réplica de datos donde se encuentran los datos necesarios, independientemente de las demás.

12. ¿Qué regla se refiere a la posibilidad de manejar distintas redes de comunicación?

a. **Independencia con respecto a la red.**
b. Independencia con respecto al sistema operativo.
c. Independencia con respecto al DBMS.

13. ¿Cuáles son las opciones de asignación atendiendo a la conectividad?

a. **Redes completamente conectadas y parcialmente conectadas.**
b. Redes de área local y externa.
c. Estructura de árbol y estructura estrella.

14. Una estructura de estrella es la topología más moderna y rápida...

a. **... donde todos los nodos se encuentran conectados a un distribuidor.**
b. ... donde todos los distribuidores se encuentran conectados a un nodo.
c. ... donde todos los nodos se encuentran conectados a una estructura.

15. Complete la siguiente frase.

La principal **ventaja** del diseño base de datos **multiplicada** es que al estar la base de datos en todos los **nodos**, estos son **independientes** entre sí para realizar consultas, disponiendo cada nodo de una total **autonomía**.

Solucionario 8
Lenguajes de definición y modificación de datos SQL

Solucionario Capítulo 1

1. Un SGBD comprenderá un conjunto de programas que van a permitir la...

   a. ... redacción, funcionamiento y mantenimiento de una base de datos.
   b. ... creación, alteración, y compactación de una base de datos.
   c. ... creación, administración, funcionamiento, uso y mantenimiento de una base de datos.
   d. Todas las opciones son incorrectas.

2. Indique si las siguientes afirmaciones son verdaderas o falsas.

   a. El objetivo primordial de un SGBD es proveer de una herramienta adecuada para extraer y almacenar la información contenida en la base de datos.

      ☑ **Verdadero**
      ☐ Falso

   b. Los sistemas tradicionales de ficheros también son conocidos como sistemas orientados a la gestión de bases de datos.

      ☐ Verdadero
      ☑ **Falso**

3. Los sistemas tradicionales de ficheros...

   a. ... cuentan con numerosas aplicaciones, cada una destinada a la realización de determinadas operaciones.
   b. ... almacenan los datos en archivos dentro de diferentes unidades de almacenamiento.
   c. .. cada programa gestiona y almacena sus propios datos.
   d. Todas las opciones son correctas.

4. Los SGBD utilizan...

    a. ... **Lenguajes de Definición de Datos LDD.**
    b. ... Lenguajes de Definición de Programas LDP.
    c. ... Lenguajes de Manipulación Definidos LMD.
    d. ... Lenguajes de Manipulación de Programas LMP.

5. Indique si las siguientes afirmaciones son verdaderas o falsas.

    a. Los componentes principales de una base de datos son los datos, *hardware, software* y usuarios.

        ☑ **Verdadero**
        ☐ Falso

    b. Los usuarios de un SGBD únicamente pueden ser expertos informáticos.

        ☐ Verdadero
        ☑ **Falso**

6. Complete el siguiente párrafo con las palabras correctas.

En los sistemas de **información** se pueden observar dos estructuras distintas: la **lógica** y la **física**. La lógica es la que ve el **usuario** y la física es la forma en la que se almacenan los datos.

7. ¿Qué se pretende con la introducción en los SGBD del denominado nivel conceptual o estructura lógica global?

Una representación global de los datos entre la estructura lógica y física, y que sea independiente tanto del equipo como de cada usuario.

8. Los niveles de abstracción de un SGBD son:

    a. Interno, externo y superior.
    b. Externo, conceptual e inferior.
    c. Conceptual, material y lógico.
    d. **Externo, conceptual e interno.**

9. Respecto a la estructura física...

    a. ... es muy dependiente de cada SGBD.
    b. ... no va a depender del SGBD con el que se esté trabajando.
    c. ... dependerá del nivel lógico.
    d. ... dependerá del sistema operativo del ordenador.

10. Complete el siguiente párrafo con las palabras correctas.

El **gestor de almacenamiento** es el responsable de relacionar los datos de **bajo nivel** en la base de datos y los programas de aplicación y consultas.

11. Indique si las siguientes afirmaciones son verdaderas o falsas.

    a. El diccionario de datos almacena la estructura de la base de datos y su esquema.

        ☑ **Verdadero**
        ☐ Falso

    b. Los índices tienen como función proporcionar un acceso rápido a los datos.

        ☑ **Verdadero**
        ☐ Falso

12. Complete el siguiente esquema.

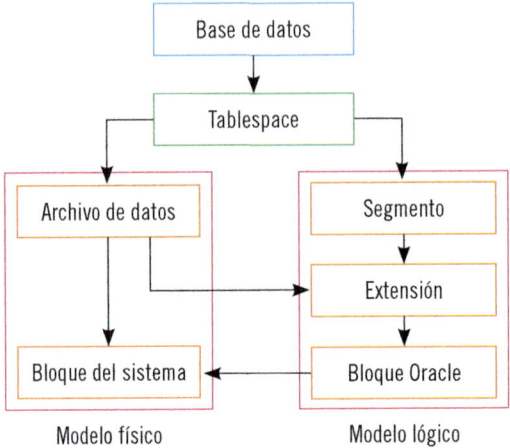

13. Nombre las arquitecturas que pueden encontrarse para los diferentes SGBD.

Centralizadas, cliente-servidor, en paralelo o sistemas distribuidos.

14. En los sistemas en paralelo pueden encontrase hasta tres tipos de redes. Indique cuáles.

    a. Bus, malla y cónica.
    b. Bus, hipermalla y cúbica.
    c. Hiperbus, malla y cúbica.
    d. Todas las opciones son incorrectas.

15. Las formas de almacenamiento de la información son:

    a. Réplica y cúbica.
    b. Cúbica y fragmentada.
    c. Completa y fragmentada.
    d. Réplica y fragmentada.

Solucionario Capítulo 2

1. **El lenguaje relacional se encuentra constituido por...**

   a. ... un Lenguaje de Definición de Datos o DDL.
   b. ... un Lenguaje de Manipulación de Datos o DML.
   c. ... un Lenguaje para Control y Seguridad de los Datos o DCL.
   d. Todas las opciones son incorrectas.

2. **Indique si las siguientes afirmaciones son verdadera o falsas.**

   a. La metodología orientada a datos, también conocida como modelo lógico de datos, se centra en los datos que componen un sistema y en las relaciones que se establecen entre ellos.

      ☑ **Verdadero**
      ☐ Falso

   b. Las bases de datos relacionales o sistemas relacionales se basan en una teoría matemática denominada modelo irracional de datos.

      ☐ Verdadero
      ☑ **Falso**

3. **En SQL, ¿qué dominios o tipos existen?**

   a. El tipo numérico y el tipo "cadenas de caracteres".
   b. Únicamente existe el dominio de tipo numérico.
   c. Numérico, cadenas de caracteres, de bits, booleanos, de fecha y hora, marca de tiempo e intervalos.
   d. Todas las opciones son incorrectas.

4. El núcleo del LDD de SQL está formado por las sentencias...

    a. ... CREATE, SELECT e INSERT.
    b. ... DROP, TRUNCATE y ALTER.
    c. ... CREATE, DROP y ALTER.
    d. ... ALTER, INSERT y UPDATE.

5. Indique si las siguientes afirmaciones son verdaderas o falsas.

    a. Los SGBD actuales están basados en el estándar SQL1 y todos cuentan con idénticas sentencias para el LDD.

        ☐ Verdadero
        ☑ **Falso**

    b. La sentencia CREATE se emplea únicamente para crear bases de datos.

        ☐ Verdadero
        ☑ **Falso**

6. Complete los siguientes párrafos con las palabras correctas.

La cláusula **CHARACTER SET** especifica el conjunto de **caracteres** por defecto utilizado en la base de datos. Normalmente se emplea **ISO8859_1,** que corresponde a europeo occidental con codificación en un *byte.*

Las **tablas** son las estructuras más importantes en las bases de datos **relacionales**. Una vez creada la base de datos, el siguiente paso consiste en la **generación** de las tablas necesarias para contener los datos.

7. ¿Qué indica la restricción PRIMARY KEY?

Indica qué atributo es la clave primaria de la tabla.

8. La sentencia CREATE VIEW...

    a. **... se utiliza para crear tablas virtuales (vistas).**

    b. ... se utiliza para crear disparadores que ejecutan una acción tras un evento determinado.

    c. ... se utiliza para crear programas o procedimientos que el SGBD almacena en el servidor.

    d. Todas las opciones son incorrectas.

9. La sentencia ALTER...

    a. ... forma parte del núcleo del lenguaje de control de datos.

    b. ... forma parte del núcleo del lenguaje de manipulación de datos.

    c. **... forma parte del núcleo del lenguaje de definición de datos.**

    d. Todas las opciones son correctas.

10. ¿Qué puede hacerse mediante la sentencia ALTER TABLE?

- Añadir o eliminar una columna.
- Redefinir un valor predeterminado para una columna existente reemplazando el anterior.
- Añadir o eliminar la clave primaria de la tabla.
- Añadir o eliminar una clave externa (clave foránea).
- Añadir o eliminar una nueva restricción de integridad.

11. Indique si las siguientes afirmaciones son verdaderas o falsas.

    a. La sentencia TRUNCATE se utiliza si lo que se quiere es, simplemente, eliminar los datos que contiene el objeto sin eliminar el objeto en sí.

        ☑ **Verdadero**
        ☐ Falso

    b. La sentencia DROP se emplea para eliminar un objeto ya existente de la base de datos.

        ☑ **Verdadero**
        ☐ Falso

12. **¿Qué puede hacerse, en líneas generales, con las sentencias que componen el lenguaje de manipulación de datos de SQL?**

En general se ha de poder:

- Recuperar los datos mediante consultas.
- Insertar nuevos datos en la base de datos.
- Modificar los datos.
- Borrar los datos que no sean necesarios.

13. **¿Cuál es la sentencia que utiliza SQL para recuperar los datos alojados en una base de datos?**

    a. UPDATE
    b. INSERT
    c. SELECT
    d. SOURCE

14. **La tabla "Ventas" reúne las ventas realizadas por cada representante y la provincia en la que se efectúa la venta. Debido a una reestructuración se deciden eliminar todas las ventas existentes en la provincia de Sevilla. ¿Qué consulta ha de emplear para borrar estos datos de la tabla "Ventas"?**

DELETE FROM VENTAS

WHERE PROVINCIA = 'SEVILLA';

15. **Respecto al almacenamiento de objetos en las bases de datos relacionales...**

    a. ... los objetos son el componente fundamental en una base de datos de este tipo.
    b. ... los objetos se agrupan en lo que se llama clases de objetos.
    c. ... cada objeto hereda las propiedades y características de la clase y subclase a la que pertenecen.
    d. Todas las opciones son correctas.

Solucionario Capítulo 3

1. ¿Cuántas formas establece el estándar SQL92 de que una transacción pueda salir mal?

    a. 1
    b. 2
    c. 3
    d. 4

2. Indique si las siguientes afirmaciones son verdaderas o falsas.

    a. Cuando existe más de un usuario con acceso simultáneo a la base de datos se hace necesario establecer un control exhaustivo en el procesamiento de las transacciones.

        ☑ **Verdadero**
        ☐ Falso

    b. Una transacción es una unidad de ejecución de un programa que accede a los datos de una base de datos y que posiblemente los actualiza.

        ☑ **Verdadero**
        ☐ Falso

3. Complete los siguientes párrafos con las palabras correctas.

Durante una **transacción** cada usuario verá una vista **consistente** de la base de datos, y no verá las actualizaciones **no confirmadas** (no comprometidas) realizadas por otros usuarios.

Cuando dos **transacciones** se ejecutan de manera **simultánea,** el SGBD ha de asegurar que el resultado será el mismo que si se ejecuta primero una transacción y después otra.

4. **Los problemas de la concurrencia son:**

   a. Actualizaciones perdidas, lecturas no repetibles y lecturas ficticias.
   b. Actualizaciones perdidas, análisis contradictorios y lecturas ficticias.
   c. Lecturas sucias, datos inconsistentes y lecturas fantasma.
   d. **Todas las opciones son correctas.**

5. **Defina los términos bloqueo y aislamiento.**

   BLOQUEO: es una variable que se asocia a los elementos de datos para definir su estado respecto a las posibles operaciones que se le puedan aplicar.

   AISLAMIENTO: es una propiedad de los Sistemas Gestores de Bases de Datos que define de qué manera los cambios realizados por una operación (una transacción) se hacen visibles para el resto de las operaciones concurrentes.

6. **Indique si las siguientes afirmaciones son verdaderas o falsas.**

   a. La serialización especifica que todas las transacciones se ejecuten en serie una tras otra.

   ☑ **Verdadero**
   ☐ Falso

   b. Es imposible evitar que dos o más transacciones accedan de manera concurrente.

   ☐ Verdadero
   ☑ **Falso**

7. **Complete los siguientes párrafos con las palabras correctas.**

   El **bloqueo** se emplea para sincronizar el acceso de las transacciones **concurrentes**. Normalmente se utiliza un **bloqueo** por cada uno de los elementos de **datos** de la base de datos.

   Existen varios tipos de bloqueos: **bloqueos binarios**, que son los más sencillos y restrictivos, por lo que en la práctica no son empleados, **bloqueos compartidos/exclusivos**, que tienen una capacidad mayor de bloqueo, y **bloqueos de certificación**.

8. ¿De cuántas formas puede encontrarse bloqueado un elemento X en un bloqueo de certificación?

Puede encontrarse bloqueado de cuatro formas: bloqueado para lectura, bloqueado para escritura, bloqueado para certificación o desbloqueado.

9. ¿Cuántos niveles de aislamiento se pueden establecer para las transacciones?

    a. 5
    b. 4
    c. 3
    d. 6

10. Defina los términos lectura sucia y nivel de aislamiento.

LECTURA SUCIA: cuando una transacción T1 lee una actualización realizada por una transacción T2 que no ha sido confirmada, y esta última es cancelada, entonces T1 habrá leído un valor incorrecto.

NIVEL DE AISLAMIENTO: define el grado en que una transacción se aísla de las modificaciones realizadas por el resto de las transacciones concurrentes.

11. ¿Qué puede garantizarse si se utiliza el nivel de aislamiento serializable?

En este nivel el SGBD garantiza que los resultados producidos por la ejecución simultánea de varias transacciones sean exactamente los mismos que si se ejecutaran una detrás de otra.

12. Indique si las siguientes afirmaciones son verdaderas o falsas.

    a. La simultaneidad es la capacidad de que varios usuarios puedan acceder a los datos a la vez.

        ☑ **Verdadero**
        ☐ Falso

b. Mediante la instrucción SET ISOLATION, definida en el estándar SQL2, puede especificarse el nivel de aislamiento.

☐ Verdadero
☑ **Falso**

13. ¿Cuáles son las propiedades del modelo conceptual?

▪ Muestra todos los datos existentes independientemente de su utilidad posterior y del sistema sobre el que se va a implantar la BD.
▪ Permite crecer y modificar a medida que se necesite.
▪ No se tienen en cuenta restricciones de espacio ni almacenamiento ni velocidad de proceso.
▪ Es independiente de las base de datos y sistemas operativos.

14. Una asociación entre dos o más entidades es:

a. Un atributo.
b. Un objeto.
c. Una relación.
d. Todas las opciones son incorrectas.

15. Los tipos de cardinalidad son:

a. De uno a uno.
b. De uno a muchos.
c. De muchos a muchos.
d. Todas las opciones son correctas.

Salvaguarda y seguridad de los datos

Solucionario Capítulo 1

1. **¿Qué propiedad no tiene que cumplir una base de datos?**

   a. Consistencia.
   b. Durabilidad.
   c. Robustez.
   d. Atomicidad.

2. **Complete la frase:**

   Una transacción cuando se inicia está en estado **activo**; si se ejecuta correctamente pasa al estado de **parcialmente confirmada**; y si aborta por cualquier causa pasa a un estado de **cancelada**.

3. **Señale si los enunciados aquí descritos son verdaderos o falsos.**

   Un fallo de transacción solo afecta a las transacciones involucradas.

   ☑ **Verdadero**
   ☐ Falso

   A las bases de datos nunca les afecta un fallo catastrófico como, por ejemplo, un incendio.

   ☐ Verdadero
   ☑ **Falso**

   De la recuperación de un Sistema de Gestión de Base de datos se encarga el control de concurrencia.

   ☐ Verdadero
   ☑ **Falso**

4. **Describa el orden en que se realizan las operaciones en la base de datos al encontrarse el registro histórico con un punto de revisión.**

   <u>3.</u> Escribir en disco todo el bloque del buffer de la base de datos modificado.

   <u>2.</u> Escribir en memoria no volátil todos los registros del registro histórico que estén en memoria principal.

   <u>1.</u> Suspender la ejecución de todas las transacciones.

   <u>4.</u> Escribir en memoria no volátil <revisión>.

5. **¿Cuál de las siguientes respuestas es correcta relativa a las memorias *flash*?**

   a. Las memorias *flash* son un soporte volátil.

   b. Las memorias *flash* son muy rápidas en lectura y escritura.

   c. Se pueden borrar infinitamente.

   d. Se las denomina memoria de solo lectura programable y borrable electrónicamente.

6. **Con respecto a las cintas magnéticas, ¿qué respuesta no es correcta?**

   a. Son sensibles a campos magnéticos, polvo, calor etc.

   b. Almacenan los datos secuencialmente.

   c. Es un soporte de almacenamiento barato.

   d. La recuperación de datos es muy rápida.

7. **Relacione las siguientes frases con los tipos de RAID:**

   a. Paridad distribuida con bloques entrelazados.

   b. Organización de paridad con bloques entrelazados.

   c. Disco espejo.

   d. Esquema de redundancia.

   <u>d.</u> RAID 6.

   <u>c.</u> RAID 1.

   <u>b.</u> RAID 4.

   <u>a.</u> RAID 5.

8. Establezca el orden cronológico de los acontecimientos a la hora de elaborar un plan de contingencias:

3. Elección de medidas a adoptar.
4. Plan de contingencias.
1. Análisis de riesgos.
2. Determinar nivel aceptable de seguridad.

9. Relacione las siguientes frases con el tipo de medidas preventivas:

a. Uso obligatorio de claves de acceso.
b. Usar medidas de detección para fuego.
c. Establecer un coordinador de seguridad.

a. Medidas preventivas lógicas.
c. Medidas preventivas organizativas.
b. Medias preventivas físicas.

10. ¿Cuál es la respuesta correcta respecto a la copia de seguridad completa?

a. La copia de seguridad completa copia parte de los archivos.
b. Tiene un RTO muy grande.
c. Es necesaria para reconstruir el sistema aunque se usen copias diferenciales o incrementales.
d. Solo se puede hacer en cintas magnéticas.

11. Señale si las siguientes frases son verdaderas o falsas:

La copia incremental mira la fecha de modificación y el contenido de la base de datos antes de crearse.

☐ Verdadero
☑ **Falso**

La copia diferencial mira el contenido de la base de datos antes de crearse para ver si se ha modificado.

☑ **Verdadero**
☐ Falso

12. Complete la siguiente frase:

Un plan **estricto** es aquel en el que una transacción no puede ni leer ni **escribir** un elemento hasta que este haya sido abortado o **confirmado** por toda transacción que lo haya escrito.

13. ¿Cuál frase es incorrecta con respecto a la verificación de integridad de las copias de seguridad?

    a. No es necesario verificar la integridad de la copia.

    b. Se usan mecanismos de control basados en funciones hash.

    c. Se debería cada determinado tiempo restaurar la base en un entorno de funcionamiento distinto aunque sea caro.

    d. Si la función hash que genera la copia no coincide con los datos originales, la copia no es correcta.

14. ¿Cuál es la capacidad de un disco duro que tiene 16 platos, cada plato tiene 32 anillos, cada anillo 64 sectores y cada sector contiene 512 bytes?

16 x 32 x 64 x 512 = 16777216 bytes

16 Mb.

15. Complete la siguiente frase:

El tiempo de acceso a un disco está formado por la suma de los siguientes tiempos: tiempo **de posicionamiento** del brazo en el disco, retraso **rotacional** y tiempo de **transferencia**.

Solucionario Capítulo 2

1. ¿Cuál de las siguientes características no es una ventaja de los sistemas distribuidos?

    a. Disponibilidad.
    b. Crecimiento modular.
    c. Fiabilidad.
    d. Coste.

2. De las siguientes afirmaciones indique cuáles son verdaderas o falsas.

En caso de caída de un nodo distribuido, la recuperación es más fácil que si fuese centralizado.

    ☐ Verdadero
    ☑ **Falso**

En un sistema distribuido hay dos tipos de transacciones, globales y locales.

    ☑ **Verdadero**
    ☐ Falso

3. Relacione los siguientes términos.

    a. Replicación.
    b. Fragmentación.
    c. Transparencia en fragmentación
    d. Transparencia en ubicación.

    c. El usuario no tiene por qué saber que una base de datos está dividida.
    a. Copiar la base de datos y guardarla en diferentes nodos.
    d. El usuario no tiene que saber dónde están físicamente los datos.
    b. La base se divide en varias partes y se guarda cada una en un nodo.

4. ¿Cuál de las siguientes afirmaciones es correcta?

    a. En las bases de datos heterogéneas, los nodos pueden tener distinto *hardware*, pero deben tener el mismo *software*.
    b. Un sistema distribuido no tiene por qué ser transparente.
    c. El fraccionamiento vertical es siempre más óptimo que el horizontal.
    d. Una base de datos fragmentada horizontalmente se puede reconstruir a su estado original con una serie de operaciones.

5. Una base de datos distribuida, en función de la distribución de los datos, no puede ser...

    a. ... centralizada.
    b. ... fraccionada.
    c. ... federada.
    d. ... replicada.

6. Coloque por orden de ocurrencia de sucesos los procesos que se dan para procesar una consulta en un entorno distribuido.

    3. Optimización global.
    2. Localización de datos.
    4. Optimización local.
    1. Descomposición de consultas.

7. ¿Cuál de estas características no forma parte de las reglas de Date?

    a. Dependencia de un nodo central.
    b. Independencia de *hardware*.
    c. Autonomía local.
    d. Independencia de ubicación.

8. Explique qué es una estadística en procesamiento de consultas distribuidas y para qué se usa.

Una estadística es una información que se va recogiendo en el proceso de distribución de consultas, que se obtiene de las relaciones que se van realizando y se usa para optimizar algoritmos de búsqueda de datos.

9. ¿Cuál de los siguientes conceptos no es un componente básico de la replicación?

    a. Objeto de replicación.
    b. Sitio de decisión.
    c. Grupo de replicación.
    d. Sitio esclavo.

10. De las siguientes afirmaciones indique cuáles son verdaderas o falsas.

En una replicación síncrona las réplicas están desactualizadas constantemente.

    ☐ Verdadero
    ☑ **Falso**

En una replicación que sigue el modelo de flujo de trabajo no hay conflictos.

    ☑ **Verdadero**
    ☐ Falso

11. Ordene las secuencias que se dan en una descomposición de una consulta distribuida.

    <u>2.</u> Análisis.
    <u>3.</u> Simplificación.
    <u>4.</u> Reestructuración.
    <u>1.</u> Normalización.

12. A la hora deslocalizar los datos en una consulta, ¿qué estrategia no se usa para reducir la fragmentación?

    a. Reducción para fragmentación horizontal derivada.
    b. Reducción para fragmentación vertical derivada.
    c. Reducción para fragmentación vertical.
    d. Reducción para fragmentación híbrida.

13. Explique qué es una instantánea y cómo se usa en el proceso de replicación.

Una instantánea es una porción de la base de datos (una vista, un fragmento o una relación) que se envía desde un nodo actualizado a otros nodos, para que estos puedan ver los datos actualizados.

14. De las siguientes afirmaciones indique cuáles son verdaderas o falsas.

En una base que está fragmentada se pueden replicar esos fragmentos en diferentes nodos.

☑ **Verdadero**
□ Falso

Una base de datos replicada es más segura, porque aunque se pierdan los datos en algún nodo habrá una réplica igual en otro nodo distinto.

☑ **Verdadero**
□ Falso

15. Relacione las reglas de la fragmentación.

     a. Disyunción.
     b. Reconstrucción.
     c. Completitud.

     c. Una descomposición r en fragmentos r1, r2... rn, si y solo si cada dato en r está en algún fragmento.
     a. Si la relación r se descompone en fragmentos r1, r2... rn, y el dato di está en rj, no debe estar en otro fragmento, es decir, cada dato de la relación solo puede estar en un fragmento.
     b. Si la relación r se descompone en fragmentos r1, r2... rn, debe existir algún operador que permita reconstruir la relación original.

Solucionario Capítulo 3

1. ¿A qué generación corresponde la Ley de Protección de Datos -Ley 15/1999-?

    a. Primera Generación.
    b. Segunda Generación.
    c. Tercera Generación.
    d. Cuarta generación.

2. ¿Cada cuánto tiempo se realizará una auditoría externa cuando se tengan datos de nivel de seguridad medio?

    a. Al menos anualmente.
    b. Al menos cada dos años.
    c. Una vez solamente cada dos años.
    d. Todas las opciones son correctas.

3. Señale si las siguientes afirmaciones son verdaderas o falsas:

El responsable del fichero está obligado a guardar secreto profesional con respecto a los datos.

    ☑ **Verdadero**
    ☐ Falso

Los datos podrán ser comunicados a un tercero sin consentimiento del interesado.

    ☐ Verdadero
    ☑ **Falso**

Para tratar datos de carácter personal relativos a afiliación sindical sin ser un sindicato, se necesita consentimiento expreso y escrito del afectado.

    ☑ **Verdadero**
    ☐ Falso

Si la recogida de datos es en un formulario online, no se necesita comunicar nada a los interesados.

☐ Verdadero
☑ **Falso**

4. **¿Qué tipo de infracción seria utilizar los datos para una finalidad que no sea compatible con la finalidad para la cual fueron recogidos, sin contar con el consentimiento del afectado o con una base legal para ello?**

    a. **Muy grave**
    b. Leve
    c. Grave
    d. No se considera infracción.

5. **¿Qué medida de seguridad utilizará el encargado del tratamiento o responsable para garantizar el nivel de seguridad?**

    a. No se debe tomar ninguna medida.
    b. La seudonimización y el cifrado de datos personales.
    c. La capacidad de restaurar la disponibilidad y el acceso a los datos personales de forma rápida en caso de incidente físico o técnico.
    d. **Las opciones b y c son correctas.**

6. **¿Qué sentencia no pertenece al lenguaje de control de datos (DCL)?**

    a. GRANT.
    b. **SELECT.**
    c. DENY.
    d. REVOKE.

7. **A la hora de llevar un registro de las actividades de tratamiento, ¿qué deberá contener?**

    a. Los fines del tratamiento.

    b. Una descripción de las categorías de interesados y de las categorías de datos personales.

    c. El nombre y los datos de contacto del responsable y, en su caso, del corresponsable, del representante del responsable, y del delegado de protección de datos.

    d. Todas las opciones son correctas.

8. **¿Cuál es una característica del cifrado simétrico?**

    a. Usa dos claves, una para cifrar y otra para descifrar.

    b. Es más rápido que el cifrado asimétrico.

    c. Cuando se cifra, el resultado es una secuencia de datos más grande que si no se hubiese cifrado.

    d. Con una sola clave se puede realizar la comunicación con varios usuarios distintos.

9. **De los siguientes algoritmos, ¿cuál de ellos es de cifrado asimétrico?**

    a. DES.

    b. AES.

    c. RSA.

    d. RC5.

10. **Complete la siguiente frase:**

Si Juan quiere enviar un mensaje secreto a María, para que María compruebe que efectivamente ese mensaje ha venido de Juan usando criptografía **asimétrica,** se procederá de la siguiente manera:

Juan genera un resumen *hash* del mensaje a enviar y lo codifica con la clave **privada** de **Juan,** y envía ese resumen *hash* junto con el mensaje.

María recibe el mensaje y realiza una función *hash.* También recibe el *hash* de Juan y lo descifra con la clave **pública** de **Juan.** Luego compara el *hash* que recibió de Juan con el que ella ha generado; si son **idénticos** el mensaje ha llegado correctamente.

11. ¿Cuál de los siguientes algoritmos no es de una función HASH?

    a. MD5.
    b. Algoritmo de Deffie-Hellman.
    c. Checksum.
    d. SHA-1.

12. ¿Con qué sentencia se crearía un usuario en Oracle?

    a. CREATE TABLE.
    b. CREATE LABEL.
    c. CREATE USER.
    d. ALTER PROFILE.

13. ¿En qué caso no es necesario inscribir un registro en el Registro General de Protección de datos?

    a. Cuando el fichero sea de titularidad privada y trate datos personales.
    b. Cuando el fichero sea de titularidad pública y trate datos personales.
    c. Cuando el fichero no trate datos personales.
    d. No es obligatoria en ningún caso la inscripción.

14. ¿En cuál de los siguientes supuestos recaerá la responsabilidad sancionadora solamente en el encargado del fichero?

    a. Cuando ceda algún dato por orden del responsable.
    b. Cuando el responsable lo contrate por escrito.
    c. Cuando el encargado use los datos para fines distintos sin la autorización del responsable.
    d. Será siempre el encargado el que responda de la responsabilidad sancionadora.

15. Señale si las siguientes afirmaciones son verdaderas o falsas:

    Los privilegios de los usuarios pueden ser de sistema o de objetos.

    ☑ **Verdadero**
    ☐ Falso

La criptografía no se puede aplicar en los SGBD.

☐ Verdadero
☑ **Falso**

Usando vistas de usuario se evita que determinados usuarios tengan acceso a lo que no necesitan de la base de datos.

☑ **Verdadero**
☐ Falso

La actividad forense se fundamenta en buscar las pistas de algo que ya ha pasado.

☑ **Verdadero**
☐ Falso

Solucionario Capítulo 4

1. **Relacione cada afirmación con su par.**

   a. Un registro de la tabla 1 puede estar relacionado con un único registro de la tabla 2, pero un registro de la tabla 2 puede estar relacionado con más de 1 de la tabla 1.
   b. Un registro de la tabla 1 solo puede estar relacionado con un único registro de la tabla 2 y viceversa.
   c. Un registro de la tabla 1 puede estar relacionado con más de un registro de la tabla 2 y viceversa.

   b. Relación uno a uno.
   a. Relación uno a varios.
   c. Relación varios a varios.

2. **Ordene los pasos a la hora de hacer un *backup* en frío:**

   3. Transferir los archivos.
   1. Parar la base de datos.
   4. Reactivar la base de datos.
   2. Encontrar la localización de los archivos originales.

3. **Señale si las siguientes frases con respecto a un *backup* en caliente son verdaderas o falsas:**

   El tiempo de realizarlo es menor que si fuese en frío.

   ☐ Verdadero
   ☑ **Falso**

   Se debe realizar en un momento de poca carga de trabajo.

   ☑ **Verdadero**
   ☐ Falso

4. ¿Cuál de las siguientes afirmaciones sería un motivo para realizar una migración?

    a. Se pasa a una aplicación más lenta.
    b. Será más incómoda para los usuarios.
    c. Las aplicaciones funcionarían mejor.
    d. Todas las opciones son correctas.

5. Complete la frase relativa al proceso de migración:

En la **planificación** se fijan los objetivos a conseguir en la migración, la estrategia y fases a realizar y se analizan los **riesgos/peligros** que pueden ocurrir.

6. Ordene por orden de realización en el proceso de migración:

    2. Pruebas.
    1. Planificación.
    3. Migración.
    4. Resultados.

7. ¿Cuál de las siguientes frases es correcta en relación con el proceso de importación-exportación?

    a. Solo se puede exportar la definición de las tablas.
    b. Solo se pueden exportar los datos exclusivamente de las tablas.
    c. Solo se pueden exportar los datos y las tablas (todo junto).
    d. Todas las opciones son incorrectas.

8. ¿Cuál de los siguientes formatos de exportación usa como separador para diferenciar cada campo la coma (,)?

    a. El formato TAB.
    b. El formato CSV.
    c. El formato XML.
    d. Todas las opciones son correctas.

9. ¿Cuál de las siguientes frases en correcta con respecto al protocolo PPP?

    a. No transporta datos.
    b. No puede funcionar bajo IP dinámica.
    c. Considera que los paquetes le llegan desordenados.
    d. Trabaja en la capa ISO de enlace de datos.

10. ¿Cuál no es un protocolo de autenticación usado por RADIUS?

    a. PAP.
    b. CHAP.
    c. EAP.
    d. Todos son protocolos usados por RADIUS.

11. ¿Qué se necesita obligatoriamente en Oracle para que un equipo remoto pueda acceder a él por conexión remota?

    a. Que ese equipo tenga un cliente Oracle instalado.
    b. Que ese equipo funcione con SO Windows.
    c. Que ese equipo esté en la misma red local.
    d. En Oracle la configuración remota ya está activada por defecto.

12. Señale con respecto a ODBC si las siguientes afirmaciones son verdaderas o falsas:

Es un estándar desarrollado por SQL.

    ☑ **Verdadero**
    ☐ Falso

Tiene dos modos de funcionamiento.

    ☑ **Verdadero**
    ☐ Falso

Deriva de JDBC.

    ☐ Verdadero
    ☑ **Falso**

13. ¿En qué fase del proceso de migración se identifican y analizan los requisitos y riesgos de la migración?

      a. En el análisis de esquemas.
      b. En las pruebas.
      c. En la planificación
      d. En la migración.

14. Relacione en qué etapa del proceso de migración se realiza.

      a. Planificación.
      b. Análisis.
      c. Pruebas.
      d. Migración.

      c. Prueba de migración.
      a. Posibilidad técnica y económica.
      d. Carga.
      b. Verificación del tamaño y la base y características de los objetos.

15. ¿Cuál no es una herramienta ETL?

      a. XMLoader.
      b. Oracle Warehouse Builder.
      c. Clover ETL.
      d. ENCASE.